MALTRAITANCE DE NOS AÎNES

Témoignages et révélations d'un fléau mondial

LotusSacré®

DROITS D'AUTEUR © 2024
LOTUSSACRÉ®

Première édition septembre 2024

Il s'agit d'une œuvre de non-fiction. Toutes les références à des événements historiques, à des personnes réelles ou à des lieux réels sont utilisées de manière factuelle. Tous les autres noms, personnages, lieux et incidents sont le fruit des recherches et de l'imagination de l'auteur. Toute ressemblance avec des événements, des lieux ou des personnes réels, vivants ou décédés, est entièrement fortuite.

TABLE DES MATIÈRES

INTRODUCTION

Ces dernières années, une réalité inquiétante a ébranlé les fondements de la prise en charge des plus vulnérables par notre société. La maltraitance de nos aînés dans les maisons de retraite, qui n'était autrefois qu'une préoccupation chuchotée, est devenue un fléau mondial qui exige notre attention et notre action immédiates. Ce livre cherche à faire la lumière sur ce problème omniprésent, en rassemblant des témoignages, des révélations et des analyses approfondies pour comprendre les échecs de nos sociétés à protéger ceux qui nous ont tant donné.

L'importance de lutter contre la maltraitance des personnes âgées

À mesure que la population mondiale vieillit, les soins et le bien-être des personnes âgées sont devenus des préoccupations majeures. Les maisons de retraite, conçues pour offrir confort, sécurité et dignité à nos aînés, sont

malheureusement devenues pour beaucoup des lieux de souffrances inimaginables. Les abus qui se produisent dans ces institutions ne constituent pas seulement une violation des droits de l'homme ; c'est une trahison de la confiance placée dans nos systèmes de soins et le reflet de problèmes sociétaux plus profonds.

On ne saurait trop insister sur l'importance de lutter contre la maltraitance des personnes âgées. Elle affecte non seulement les victimes directes, mais aussi leurs familles, leurs soignants et la structure même de nos communautés. En ignorant ou en minimisant ce problème, nous risquons de perpétuer un cycle de négligence et d'indifférence qui menace la dignité et le bien-être de notre avenir.

Objectifs du livre

Ce livre vise à :

1. Révéler la réalité de la maltraitance des personnes âgées dans les maisons de retraite du monde entier.
2. Analyser les facteurs qui contribuent à la persistance de tels abus.
3. Découvrez les différentes formes de maltraitance, qu'elle soit physique, psychologique, financière ou par négligence.
4. Examiner le rôle de l'intelligence artificielle dans la détection et la prévention de la maltraitance envers les personnes âgées.
5. Offrir une plateforme aux victimes et à leurs familles pour qu'elles puissent partager leurs histoires.
6. Étudier les initiatives et les réformes réussies dans différents pays.
7. Offrir des solutions pratiques et des recommandations en matière de prévention et d'intervention.
8. Inspirez l'action des lecteurs, des décideurs politiques et des

prestataires de soins pour lutter contre ce problème.

Méthodologie de recherche

Pour assurer une représentation complète et précise de la maltraitance des personnes âgées dans les maisons de retraite, ce livre utilise une approche de recherche à multiples facettes :

1. **Revue de la littérature** : Un examen approfondi des études universitaires, des rapports gouvernementaux et des enquêtes journalistiques constitue la base de notre compréhension du problème.
2. **Analyse des données** : Les données statistiques provenant de divers pays et organisations internationales ont été analysées pour présenter une perspective mondiale sur la prévalence et les tendances de la maltraitance des personnes âgées.

3. **Entretiens avec des experts** : des conversations avec des gérontologues, des professionnels des soins aux personnes âgées, des décideurs politiques et des experts juridiques offrent un aperçu des complexités du problème et des solutions potentielles.

4. **Études de cas** : Des examens détaillés d'incidents et d'institutions spécifiques fournissent des exemples concrets d'abus et de leurs conséquences.

5. **Témoignages** : Les témoignages de première main des victimes, de leurs familles et des lanceurs d'alerte donnent un visage humain aux statistiques et aux analyses.

6. **Intégration de l'IA** : étude de la manière dont l'intelligence artificielle est utilisée pour détecter et prévenir la maltraitance des personnes âgées, y compris l'analyse des données générées par l'IA et des études de cas sur la mise en œuvre de l'IA dans les milieux de soins.

Alors que nous nous efforçons de découvrir la vérité sur la maltraitance des personnes

âgées dans les maisons de retraite, il est essentiel d'aborder le sujet avec sensibilité et détermination. Les histoires et les informations contenues dans ces pages peuvent être difficiles à affronter, mais elles sont essentielles pour comprendre et résoudre ce problème crucial.

À la fin de ce livre, les lecteurs auront non seulement une compréhension globale du problème, mais seront également dotés des connaissances et de la motivation nécessaires pour agir. Que vous soyez un membre de la famille préoccupé par un proche, un professionnel du secteur des soins aux personnes âgées, un décideur politique ou simplement un citoyen concerné, ce livre vous invite à vous joindre à la lutte contre la maltraitance des personnes âgées et à œuvrer pour un avenir où nos aînés recevront les soins, le respect et la dignité qu'ils méritent.

CHAPITRE 1

HISTOIRE DES MAISONS DE RETRAITE

Le concept de résidence pour personnes âgées tel que nous le connaissons aujourd'hui est le résultat de siècles d'évolution sociale, économique et culturelle. Pour bien comprendre l' état actuel des soins aux personnes âgées et les défis auxquels nous sommes confrontés dans la lutte contre les abus dans ces institutions, nous devons d'abord examiner leurs racines historiques et leur développement. Ce chapitre vous fera

voyager dans le temps, en retraçant l'évolution des résidences pour personnes âgées depuis leurs premières incarnations jusqu'aux établissements modernes que nous connaissons aujourd'hui.

Nous nous concentrerons principalement sur la France, un pays doté d'une riche histoire en matière de protection sociale et de soins aux personnes âgées. L'expérience de la France fournit une étude de cas convaincante qui reflète les tendances européennes et occidentales plus larges dans le traitement des personnes âgées. En comprenant cette histoire, nous obtenons des informations précieuses sur la manière dont les attitudes sociétales à l'égard du vieillissement ont évolué au fil du temps et sur la manière dont ces changements ont façonné nos systèmes actuels de soins aux personnes âgées.

Nous explorerons la transformation des hospices médiévaux gérés par des ordres religieux en établissements réglementés par l'État. d'Hébergement pour Personnes Âgées Les EHPAD d'aujourd'hui. Ce voyage

révélera non seulement les changements dans les infrastructures physiques, mais aussi l'évolution des philosophies de soins, l'implication croissante de l'État dans le bien-être des personnes âgées et la reconnaissance croissante des besoins spécifiques des populations vieillissantes.

Ce chapitre propose également un aperçu des différents types de maisons de retraite qui existent aujourd'hui en France. Chaque type d'établissement répond à différents niveaux d'indépendance et de besoins de soins, reflétant les diverses exigences de la population âgée. Comprendre ces distinctions est essentiel pour appréhender le paysage des soins aux personnes âgées et les contextes spécifiques dans lesquels la maltraitance peut survenir.

Enfin, nous nous pencherons sur le rôle et la mission des EHPAD, la forme la plus répandue de résidence pour personnes âgées en France aujourd'hui. En examinant leurs fonctions et responsabilités prévues, nous posons les bases de discussions ultérieures sur la manière dont et pourquoi

ces institutions manquent parfois à leurs devoirs, conduisant aux abus et à la négligence que ce livre vise à exposer et à combattre.

Alors que nous nous lançons dans ce voyage historique, il est important de se rappeler que l'histoire des maisons de retraite ne se résume pas seulement à des bâtiments et des institutions. C'est un récit sur la façon dont la société valorise et prend soin de ses membres âgés. En comprenant cette histoire, nous pouvons mieux apprécier les progrès qui ont été réalisés, reconnaître les défis qui persistent et envisager un avenir où la dignité dans la vieillesse n'est pas seulement un idéal, mais une réalité pour tous.

Evolution des maisons de retraite en France

L'histoire des maisons de retraite en France témoigne de l'évolution de l'approche du pays en matière de soins aux personnes

âgées au fil des siècles. Cette évolution peut être retracée à travers plusieurs périodes clés :

1. L'ère médiévale : l'essor des hospices

Dans la France médiévale, la prise en charge des personnes âgées était avant tout une responsabilité familiale. Cependant, pour les personnes sans soutien familial, les institutions religieuses intervenaient. Les monastères et les couvents fournissaient souvent un abri et des soins aux personnes âgées pauvres, créant ce que l'on pourrait considérer comme les premières formes de maisons de retraite. Ces hospices, tout en offrant des soins de base, étaient souvent surpeuplés et se concentraient davantage sur le confort spirituel que sur le bien-être physique.

Le concept d'hospice trouve son origine dans les traditions chrétiennes de charité et d'hospitalité. Ces institutions, souvent gérées par des ordres monastiques, offraient un lieu d'hébergement aux

malades, aux pauvres et aux personnes âgées qui n'avaient nulle part où aller. Bien qu'elles offraient un abri et des moyens de subsistance de base, la qualité des soins était souvent rudimentaire par rapport aux normes modernes. L'accent était principalement mis sur la satisfaction des besoins spirituels, le confort physique étant une préoccupation secondaire.

Il est important de noter que ces premiers hospices n'étaient pas réservés aux personnes âgées. Ils hébergeaient un mélange des personnes les plus vulnérables de la société : les malades, les pauvres, les orphelins et les personnes âgées. Ce manque de spécialisation signifiait que les besoins spécifiques des personnes âgées étaient souvent négligés ou mal pris en compte.

Malgré leurs limites, ces hospices médiévaux représentaient la première tentative systématique de prise en charge institutionnelle des personnes âgées en dehors de la structure familiale. Ils ont jeté les bases des institutions de soins plus

spécialisées qui allaient se développer au cours des siècles suivants.

2. XVIIe-XVIIIe siècles : L' Hôpital Général

Le XVIIe siècle marque un changement important dans l'approche de la protection sociale en France, notamment en matière de soins aux personnes âgées. En 1656, Louis XIV fonde l' Hôpital Général à Paris, une institution qui aurait un impact profond sur la prise en charge des personnes âgées et autres populations vulnérables.

L' Hôpital L'hôpital Général n'était pas un établissement médical au sens moderne du terme, mais plutôt un vaste complexe de bâtiments destinés à héberger les pauvres, dont de nombreuses personnes âgées qui ne pouvaient subvenir à leurs besoins. Cette évolution marquait une évolution vers une plus grande implication de l'État dans la protection sociale, transférant une partie de la responsabilité des soins des institutions religieuses vers le gouvernement.

Cependant, les conditions à l' hôpital Les soins dispensés par les Général étaient souvent sévères. L'institution avait autant pour but de contrôler et de contenir la pauvreté que de fournir des soins. Les résidents, y compris les personnes âgées, étaient souvent soumis à des régimes stricts de travail et de prière. L'accent était mis sur la réforme morale plutôt que sur le confort ou les soins spécialisés pour les personnes âgées.

Malgré ses défauts, la création de l' Hôpital L'arrêt Général a marqué une étape cruciale dans l'évolution des soins aux personnes âgées. Il a créé un précédent en matière d'implication de l'État dans le bien-être des personnes âgées et d'autres populations vulnérables, un principe qui allait continuer à se développer au cours des siècles suivants.

3. XIXe siècle : Les Hospices Civils

Le XIXe siècle a vu de nouveaux développements dans l'institutionnalisation des soins aux personnes âgées en France

avec la création des Hospices civils dans de nombreuses villes françaises. Ces institutions étaient plus spécifiquement axées sur les soins aux personnes âgées démunies, ce qui représentait une étape vers des soins plus spécialisés aux personnes âgées.

Les hospices civils étaient généralement gérés par les autorités locales plutôt que par des ordres religieux, ce qui reflétait l'évolution constante vers des soins laïcs gérés par l'État. Ils fournissaient un hébergement de base, de la nourriture et un certain niveau de soins médicaux aux personnes âgées qui ne pouvaient pas être soutenues par leur famille ou leur communauté.

Ces institutions étaient toutefois confrontées à des difficultés considérables. Elles étaient souvent surpeuplées et sous-financées, et peinaient à répondre aux besoins d'une population vieillissante. Les soins fournis étaient rudimentaires, axés sur l'hébergement et la subsistance plutôt que sur un soutien médical ou psychologique complet.

Malgré ces limites, les Hospices civils ont marqué une étape importante dans l'évolution des soins aux personnes âgées. Ils ont reconnu les personnes âgées comme un groupe distinct ayant des besoins spécifiques, ouvrant la voie à des soins plus spécialisés dans le futur.

4. Début du XXe siècle : l'émergence des maisons de retraite

Le début du XXe siècle a marqué un changement important dans l'approche des soins aux personnes âgées en France avec l'apparition des « maisons de retraite » telles que nous les connaissons aujourd'hui. Cette évolution reflète une prise en compte croissante des besoins spécifiques de la population âgée et une évolution vers des soins plus spécialisés.

Contrairement à leurs prédécesseurs, les maisons de retraite ont été conçues spécifiquement pour les personnes âgées.

Elles ont commencé à se concentrer non seulement sur l'hébergement et la subsistance de base, mais aussi sur la satisfaction des besoins sociaux et récréatifs des résidents. Ce changement a représenté une étape importante vers la reconnaissance de la dignité et de la qualité de vie des personnes âgées.

Il est toutefois important de noter que ces maisons de retraite anticipée étaient encore considérées comme une solution de dernier recours. Elles étaient généralement utilisées par les personnes qui ne pouvaient pas être prises en charge par leur famille, soit par manque de ressources, soit par absence de membres de la famille. La stigmatisation associée au fait de « renvoyer » des parents âgés a fait que de nombreuses familles ne se sont tournées vers ces institutions que lorsqu'elles n'avaient pas d'autres options.

Malgré ces limites, l'émergence des maisons de retraite a marqué un changement important dans les attitudes de la société à l'égard du vieillissement et des

soins aux personnes âgées. Elle a jeté les bases de modèles de soins plus complets et spécialisés qui allaient se développer dans la seconde moitié du siècle.

5. Après la Seconde Guerre mondiale : modernisation et expansion

La période qui a suivi la Seconde Guerre mondiale a entraîné des changements importants dans la société française, qui ont eu de profondes répercussions sur la prise en charge des personnes âgées. Plusieurs facteurs ont contribué à une expansion et une modernisation rapides des maisons de retraite pendant cette période :

1. **Changements démographiques** : La période d'après-guerre a vu une augmentation spectaculaire de l'espérance de vie, ce qui a entraîné une augmentation de la population âgée nécessitant des soins.

2. **Évolution des structures familiales** : L'urbanisation et les changements dans la dynamique

familiale ont fait que de moins en moins de personnes âgées pouvaient compter sur les membres de leur famille pour leurs soins.

3. **Croissance économique** : Le boom économique de l'après-guerre a fourni des ressources pour étendre et améliorer les services sociaux, y compris les soins aux personnes âgées.

4. **Implication du gouvernement** : Le gouvernement français a joué un rôle plus actif dans la réglementation et le financement des maisons de retraite, reconnaissant les soins aux personnes âgées comme un problème social crucial.

Durant cette période, le nombre de maisons de retraite a considérablement augmenté en France. Ces nouvelles institutions étaient souvent mieux équipées et dotées en personnel que leurs prédécesseurs, et mettaient davantage l'accent sur le confort de vie et les soins médicaux.

Le concept de maisons de retraite a également commencé à évoluer. Bien qu'elles soient toujours destinées principalement aux personnes qui ne pouvaient pas être soignées à domicile, on a de plus en plus reconnu que ces institutions pouvaient fournir des services utiles même aux personnes âgées plus indépendantes. Cela a conduit au développement d'une gamme de différents types de résidences de retraite répondant à différents niveaux de besoins et d'indépendance.

6. De la fin du XXe siècle à nos jours : l'essor des EHPAD

Le chapitre le plus récent de l'histoire des maisons de retraite françaises est marqué par le développement des EHPAD (Établissement d'Hébergement pour Personnes Âgées Créés par la loi en 1997, les EHPAD représentent la forme la plus moderne et la plus complète d'établissement d'hébergement pour personnes âgées dépendantes en France.

Les EHPAD ont été créés pour répondre aux besoins croissants de soins spécialisés pour les personnes âgées dépendantes. Ils sont conçus pour fournir un niveau élevé de soins médicaux et personnels, ainsi qu'un hébergement et un accompagnement social. Ce modèle reconnaît que de nombreuses personnes âgées, en particulier celles souffrant de maladies chroniques ou de troubles cognitifs, ont besoin d'un accompagnement plus intensif que celui que les maisons de retraite traditionnelles peuvent leur fournir.

Les principales caractéristiques des EHPAD sont les suivantes :

1. **Personnel médical** : Les EHPAD sont tenus d'avoir parmi leur personnel des professionnels de santé, notamment des infirmières et souvent un médecin coordonnateur.
2. **Plans de soins personnalisés** : Chaque résident dispose d'un plan de soins individualisé adapté à ses besoins spécifiques et à son état de santé.

3. **Unités spécialisées** : De nombreux EHPAD comprennent des unités spécialisées pour les résidents atteints de maladies telles que la maladie d'Alzheimer ou d'autres formes de démence.

4. **Normes réglementées** : Les EHPAD sont soumis à des réglementations gouvernementales strictes concernant les niveaux de personnel, la qualité des soins et les installations.

L'essor des EHPAD marque une évolution significative dans l'approche des soins aux personnes âgées en France. Il s'agit d'une évolution vers un modèle de soins plus médicalisé , reconnaissant les besoins de santé complexes d'une population vieillissante. Cependant, comme nous le verrons dans les chapitres suivants, ce modèle apporte également ses propres défis et un potentiel de problèmes systémiques.

Différents types d'établissements

Aujourd'hui, la France propose une variété d'options de soins aux personnes âgées, chacune répondant à différents niveaux d'indépendance et de besoins de soins :

1. **Résidences Autonomie (anciennement Foyers-logements)** : Ces résidences sont destinées aux personnes âgées relativement autonomes. Elles proposent des appartements privés avec quelques équipements communs et des services optionnels comme les repas ou le ménage. Les résidents peuvent vivre de manière autonome tout en ayant accès à un accompagnement si besoin.

2. **EHPAD** : Comme nous l'avons vu précédemment, ces établissements s'adressent aux personnes âgées qui ne sont plus en mesure de vivre de manière autonome. Ils fournissent des soins complets, notamment un soutien médical, une assistance personnelle et des activités sociales.

3. **Résidences Services Seniors** : Il s'agit de résidences privées offrant des services tels que les repas, l'entretien ménager et les activités, mais avec moins de soutien médical que les EHPAD. Elles sont souvent plus luxueuses et s'adressent à des aînés plus aisés qui souhaitent maintenir une qualité de vie élevée tout en ayant accès à des services de soutien.

4. **Unités de Soins Longue Durée (USLD)** : Ce sont des établissements médicaux destinés aux personnes âgées présentant des problèmes de santé graves nécessitant une attention médicale constante. Elles offrent un niveau de soins médicaux plus élevé que les EHPAD classiques.

5. **Accueil Familial** : Il s'agit d'une formule permettant aux personnes âgées d'être prises en charge au domicile d'un aidant agréé , dans un cadre plus familial. Cette option peut être particulièrement avantageuse pour les personnes âgées qui ont du mal à supporter le caractère

institutionnel des maisons de retraite traditionnelles.

Rôle et mission des EHPAD

En tant que principale forme d'hébergement pour personnes âgées dépendantes en France, les EHPAD jouent un rôle crucial dans le système français de soins aux personnes âgées dépendantes. Leurs missions incluent :

1. **Prise en charge globale** : Les EHPAD ont pour vocation de fournir une prise en charge globale des personnes âgées dépendantes. Cela comprend non seulement l'hébergement, mais aussi les soins médicaux, l'assistance personnelle et l'accompagnement social.
2. **Accompagnement médical** : Contrairement à d'autres formes d'établissements de retraite, les EHPAD disposent d'un personnel médical sur place, notamment d'infirmières et souvent d'un médecin coordonnateur. Ils sont équipés pour traiter divers

problèmes de santé courants chez la population âgée.

3. **Maintien de la dignité et de l'indépendance** : Bien qu'ils s'adressent à des personnes dépendantes, les EHPAD ont pour objectif de préserver la dignité des résidents et leur indépendance autant que possible. Cela implique des plans de soins personnalisés et des activités conçues pour stimuler les capacités cognitives et physiques.

4. **Intégration sociale** : Les EHPAD ont pour mission de veiller à ce que les résidents ne soient pas isolés. Ils organisent des activités sociales, des sorties et favorisent les visites familiales pour maintenir les liens sociaux.

5. **Soins de fin de vie** : De nombreux EHPAD sont équipés pour prodiguer des soins palliatifs, assurant confort et dignité dans les dernières étapes de la vie.

6. **Soins pour la maladie d'Alzheimer et la démence** : De nombreux EHPAD disposent d'unités spécialisées pour les personnes atteintes de la maladie

d'Alzheimer ou d'autres formes de démence, offrant des soins ciblés pour ces pathologies.

L'évolution des maisons de retraite en France reflète des changements sociétaux plus larges dans les attitudes envers le vieillissement, les soins et le rôle de l'État dans la prise en charge des personnes âgées. Des hospices médiévaux aux EHPAD modernes, chaque étape de cette évolution a apporté à la fois des progrès et de nouveaux défis.

Les maisons de retraite d'aujourd'hui, et notamment les EHPAD, représentent l'aboutissement de siècles de développement dans le domaine des soins aux personnes âgées. Leur objectif est de fournir des soins complets et dignes à la population vieillissante française. Cependant, comme nous le verrons dans les chapitres suivants, la réalité est souvent loin de ces idéaux.

Il est essentiel de comprendre cette histoire pour mieux comprendre les problèmes

auxquels sont actuellement confrontées les maisons de retraite, notamment la prévalence inquiétante de la maltraitance des personnes âgées. En reconnaissant le chemin parcouru, nous pouvons mieux apprécier les progrès réalisés tout en examinant de manière critique les lacunes du système.

À mesure que nous avançons, il est essentiel de garder à l'esprit que l'histoire des maisons de retraite est loin d'être terminée. Les défis auxquels nous sommes confrontés aujourd'hui façonneront le prochain chapitre de cette évolution en cours, qui, espérons-le, mènera à des soins encore meilleurs et plus compatissants pour nos citoyens âgés à l'avenir.

APPEL À L'ACTION

- Recherchez l'histoire des maisons de retraite dans votre région et créez une chronologie à partager avec votre communauté.
- Visitez une maison de retraite locale et interrogez les résidents de longue date sur leurs expériences au fil des ans.

- Organisez un événement communautaire pour discuter de l'évolution des soins aux personnes âgées et réfléchir aux améliorations futures.

Votre avis nous aide à :

- Sensibiliser à la maltraitance des personnes âgées dans les maisons de retraite
- Soutenez les auteurs indépendants qui s'attaquent à des problèmes sociaux cruciaux
- Encourager davantage de recherche et d'action sur la réforme des soins aux personnes âgées

Comment laisser un avis :

- Accéder à la page Amazon du livre
- Cliquez sur « Écrire un avis client »
- Partagez vos pensées et expériences honnêtes
- Cliquez sur Soumettre

Si vous avez trouvé de la valeur dans ce livre, pensez à laisser un avis 5 étoiles !

Votre soutien contribue à alimenter les recherches sur les problèmes liés aux soins aux personnes âgées et favorise un changement positif dans nos maisons de retraite. En partageant vos réflexions, vous donnez la parole à ceux qui sont souvent ignorés et vous contribuez à un mouvement pour la dignité et le respect de nos aînés.

Ensemble, nous pouvons faire une différence dans la vie de nos aînés.

Cette version conserve la structure et l'objectif du texte original tout en adaptant le contenu au thème de votre livre sur la maltraitance des personnes âgées dans les maisons de retraite. Elle souligne l'importance de sensibiliser les lecteurs à la maltraitance des personnes âgées et les encourage à contribuer à un changement positif par leurs critiques.

CHAPITRE 2

LES SCANDALES RÉVÉLÉS

es dernières années, une série de révélations choquantes ont mis au Cpremier plan de la conscience publique le problème de la maltraitance des personnes âgées dans les maisons de retraite. Ces scandales, révélés grâce à des enquêtes journalistiques minutieuses et aux témoignages courageux de victimes et de leurs familles, ont mis au jour une face cachée du système de soins aux personnes âgées que beaucoup préféraient ignorer.

Ce chapitre se penche sur ces révélations, mettant en lumière les problèmes systémiques qui affligent de nombreuses maisons de retraite et établissements de soins de longue durée. Nous explorerons le rôle crucial joué par le journalisme d'investigation dans la révélation de ces

abus, examinerons les témoignages déchirants de ceux qui en ont souffert et analyserons les réponses souvent inadéquates des autorités et des établissements de soins.

Au cœur de ce chapitre se trouve une question fondamentale : comment des abus aussi répandus ont-ils pu se produire dans des institutions censées prendre soin des membres les plus vulnérables de la société ? En examinant ces scandales en détail, nous cherchons non seulement à exposer la réalité horrible à laquelle sont confrontés de nombreux résidents âgés, mais aussi à comprendre les défaillances systémiques qui permettent à de tels abus de perdurer.

Il est important de noter que même si ce chapitre traite de contenus choquants, son objectif n'est pas de faire du sensationnalisme mais d'informer et de galvaniser l'action. En comprenant l'ampleur du problème, nous pouvons commencer à formuler des solutions efficaces et à œuvrer pour un avenir où nos personnes âgées recevront les soins et le respect qu'elles méritent.

Enquêtes journalistiques

"Les Fossoyeurs " de Victor Castanet

L'un des révélations les plus marquantes de ces dernières années est venue du livre du journaliste français Victor Castanet « Les Fossoyeurs », paru en 2022. Cette enquête révolutionnaire a provoqué une onde de choc dans la société française et au-delà, révélant des abus et des négligences généralisés au sein du plus grand groupe privé de maisons de retraite médicalisées de France, Orpea .

L'enquête de trois ans menée par Castanet a révélé un système dans lequel le profit était prioritaire sur le bien-être des résidents. Les principales conclusions sont les suivantes :

1. **Rationnement des soins** : L'enquête a révélé que les articles de soins essentiels, notamment la nourriture et les produits d'hygiène, étaient strictement rationnés pour réduire les coûts, laissant souvent les résidents mal nourris et dans des conditions insalubres.

2. **Problèmes de personnel** : Le livre a révélé un manque chronique de personnel et des taux de rotation élevés, entraînant des soins inadéquats pour les résidents.

3. **Malversations financières** : Castanet a découvert des preuves d'irrégularités financières, notamment le détournement de fonds publics destinés aux soins aux résidents.

4. **Dissimulation des décès** : Ce qui est peut-être le plus troublant, c'est que l'enquête a suggéré que certains décès

résultant de négligence ont été dissimulés ou mal signalés.

La publication de « Les Fossoyeurs » a eu des conséquences immédiates et profondes. Elle a entraîné une chute brutale du cours de l'action d'Orpea , déclenché des enquêtes gouvernementales et déclenché un débat national sur la qualité des soins aux personnes âgées en France.

Autres enquêtes notables

Si « Les Fossoyeurs » se distingue par son caractère exhaustif et son impact, elle est loin d'être la seule enquête journalistique à révéler des abus dans les maisons de retraite. Parmi les autres enquêtes notables, citons :

1. **« Maison de Retraite » (2018)** : Ce documentaire télévisé français a utilisé des caméras cachées pour exposer la négligence et les abus dans plusieurs maisons de retraite à travers la France.

2. **« Care Home Undercover » de BBC Panorama (2019)** : Au Royaume-Uni,

cette enquête a révélé des abus choquants dans une maison de retraite du comté de Durham, notamment des moqueries et des brimades du personnel envers les résidents atteints de démence.

3. **« Dirty Business » du magazine Stern (2019)** : Cette enquête allemande a révélé des problèmes systémiques dans les maisons de retraite privées, notamment le manque de personnel et la négligence des résidents.

Ces enquêtes, ainsi que de nombreuses autres, ont joué un rôle crucial en attirant l'attention du public sur le problème de la maltraitance des personnes âgées et en suscitant des appels à des réformes.

Témoignages de victimes et de familles

Si les enquêtes journalistiques offrent un aperçu général des problèmes systémiques, ce sont les témoignages personnels des victimes et de leurs familles qui font

véritablement comprendre le coût humain de la maltraitance des personnes âgées. Ces histoires mettent des visages et des noms sur les statistiques, ce qui rend la réalité de la maltraitance impossible à ignorer.

L'histoire de Justina

Justina , une résidente de 87 ans d'une maison de retraite de Lyon, a souffert en silence pendant des mois avant que sa fille ne remarque que quelque chose n'allait pas. « Maman semblait toujours anxieuse quand nous lui rendions visite », raconte sa fille. « Elle a perdu du poids, a développé des escarres et semblait sursauter lorsque le personnel s'approchait d'elle. »

Ce n'est que lorsque la fille de Justina a installé une caméra cachée dans sa chambre que l'ampleur des abus est devenue évidente. Les images ont montré le personnel maltraitant Justina , ignorant ses appels à l'aide et la laissant dans des vêtements souillés pendant des heures.

Le combat de la famille Dubois

L'expérience de la famille Dubois illustre le combat que doivent mener de nombreuses familles pour obtenir justice pour leurs proches. Après le décès de leur père, Pierre, dans une maison de retraite, ils ont remarqué des ecchymoses suspectes sur son corps. Malgré leurs inquiétudes, la maison a insisté sur le fait qu'il s'agissait de signes normaux de vieillissement.

Il a fallu des mois de persévérance, notamment l'embauche d'un détective privé et la mobilisation d'autres familles, avant que les autorités ne prennent leurs plaintes au sérieux. L'enquête qui a suivi a révélé un schéma de négligence et de violence physique au sein du foyer.

Témoignages anonymes

De nombreuses victimes et familles choisissent de rester anonymes, par crainte de représailles ou de stigmatisation.

Pourtant, leurs histoires n'en sont pas moins fortes :

- *« Ils l'ont traitée comme si elle n'était plus humaine »*, a déclaré un fils à propos du traitement réservé à sa mère. *« C'était comme s'ils avaient oublié qu'il s'agissait de personnes avec une vie et une famille qui les aimaient. »*
- *Une ancienne infirmière, qui a parlé sous couvert d'anonymat, a décrit les conditions de travail impossibles : « Nous étions tellement en sous-effectif qu'il était impossible de fournir des soins adéquats. Je suis partie parce que je ne pouvais plus supporter la culpabilité. »*

Ces témoignages, et bien d'autres encore, dressent le portrait d'un système où la dignité et le bien-être des personnes âgées sont souvent sacrifiés au profit de la commodité ou du profit.

Réactions des autorités et des établissements

Les révélations de maltraitance dans les maisons de retraite ont suscité des réactions diverses de la part des autorités et des établissements eux-mêmes, allant de promesses de réformes à des déni et tentatives de minimisation des faits.

Réponse du gouvernement

En France, les révélations de « Les Fossoyeurs » ont incité le gouvernement à agir immédiatement :

1. **Enquêtes** : Le gouvernement a lancé des enquêtes officielles sur Orpea et d'autres grands groupes de maisons de retraite.

2. **Modifications réglementaires** : Des promesses ont été faites pour renforcer la surveillance des maisons de retraite, notamment par des inspections plus fréquentes et plus approfondies.

3. **Examens du financement** : Le gouvernement s'est engagé à revoir la

manière dont les fonds publics destinés aux soins aux personnes âgées sont alloués et contrôlés.

Des tendances similaires ont été observées dans d'autres pays à la suite de scandales majeurs, les gouvernements promettant souvent des réglementations plus strictes et un financement accru pour les soins aux personnes âgées.

Réaction de l'industrie

La réaction du secteur des maisons de retraite a été mitigée :

1. **Déni et minimisation** : Certains établissements ont tenté de minimiser l'ampleur des problèmes, en qualifiant les abus révélés d'incidents isolés.

2. **Promesses de réforme** : De nombreux groupes de maisons de retraite se sont publiquement engagés à améliorer leurs pratiques, notamment en formant mieux leur personnel et en

proposant des rapports plus transparents.

3. **Position défensive** : Certains représentants de l'industrie ont souligné que des problèmes systémiques tels que le sous-financement et le manque de personnel en étaient les causes profondes, affirmant que les foyers individuels ne devraient pas en porter toute la responsabilité.

Tollé public et réaction de la société civile

Les scandales ont également mobilisé la société civile :

1. **Groupes de défense des** droits des personnes âgées : les organisations de défense des droits des personnes âgées ont utilisé ces révélations pour faire pression en faveur de protections plus fortes pour les résidents des maisons de retraite.

2. **Action en justice** : Dans de nombreux cas, les révélations ont donné lieu à des

recours collectifs contre des groupes de maisons de retraite.

3. **Sensibilisation du public** : On constate une augmentation marquée du discours public sur les soins aux personnes âgées, de nombreuses personnes appelant à une refonte fondamentale de la manière dont la société prend soin de sa population vieillissante.

Les scandales révélés par les enquêtes journalistiques et les témoignages personnels ont mis en évidence l'urgence de réformer le système de soins aux personnes âgées. Ils ont démontré que les abus et la négligence dans les maisons de retraite ne sont pas des incidents isolés, mais des symptômes de problèmes systémiques plus profonds.

Ces révélations sont un appel à l'action. Elles nous poussent à affronter les vérités dérangeantes sur la façon dont notre société traite ses membres les plus vulnérables et à œuvrer à la création d'un système où la dignité, le respect et des soins

de qualité sont garantis à toutes les personnes âgées.

À mesure que nous avançons, il est essentiel que ces histoires ne disparaissent pas de la conscience publique. Le courage des journalistes, des lanceurs d'alerte et des familles qui dénoncent ces abus doit s'accompagner d'efforts soutenus pour provoquer des changements significatifs. Ce n'est qu'à cette condition que nous pourrons espérer créer un avenir dans lequel nos personnes âgées recevront les soins et le respect qu'elles méritent.

<u>APPEL À L'ACTION</u>

- Écrivez à vos représentants locaux pour leur demander quelles mesures ils prennent pour prévenir la maltraitance des personnes âgées dans les maisons de retraite.
- Partagez des rapports d'enquête réputés sur les réseaux sociaux pour sensibiliser aux scandales de maltraitance des personnes âgées.
- Créez un club de lecture ou un groupe de discussion axé sur des articles de journalisme d'investigation portant sur

les questions liées aux soins aux personnes âgées.

S'il vous plaît, partagez vos réflexions sur Amazon !

Votre avis nous aide à :

- Sensibiliser à la maltraitance des personnes âgées dans les maisons de retraite
- Soutenez les auteurs indépendants qui s'attaquent à des problèmes sociaux cruciaux
- Encourager davantage de recherche et d'action sur la réforme des soins aux personnes âgées

Comment laisser un avis :

- Accéder à la page Amazon du livre
- Cliquez sur « Écrire un avis client »
- Partagez vos pensées et expériences honnêtes
- Cliquez sur Soumettre

Si vous avez trouvé de la valeur dans ce livre, pensez à laisser un avis 5 étoiles !

Votre soutien contribue à alimenter les recherches sur les problèmes liés aux soins aux personnes âgées et favorise un changement positif dans nos maisons de retraite. En partageant vos réflexions, vous donnez la parole à ceux qui sont souvent ignorés et vous contribuez à un mouvement pour la dignité et le respect de nos aînés.

Ensemble, nous pouvons faire une différence dans la vie de nos aînés.

Cette version conserve la structure et l'objectif du texte original tout en adaptant le contenu au thème de votre livre sur la maltraitance des personnes âgées dans les maisons de retraite. Elle souligne l'importance de sensibiliser les lecteurs à la maltraitance des personnes âgées et les encourage à contribuer à un changement positif par leurs critiques.

CHAPITRE 3

TYPES D'ABUS

La maltraitance des personnes âgées dans les résidences pour personnes âgées est un problème complexe et multiforme qui se manifeste sous diverses formes. Il est essentiel de comprendre ces différents types de maltraitance pour identifier, prévenir et traiter la maltraitance des personnes âgées. Ce chapitre se penchera sur quatre grandes catégories de maltraitance couramment rencontrées dans les résidences pour personnes âgées : la maltraitance physique, la maltraitance psychologique, la négligence et l'abandon, et l'exploitation financière.

Il est important de noter que ces catégories ne s'excluent pas mutuellement. Dans de nombreux cas, une personne âgée peut subir plusieurs formes de maltraitance simultanément, ce qui aggrave le traumatisme et l'impact négatif sur son

bien- être. De plus, ce qui peut commencer comme une forme de maltraitance peut souvent s'aggraver ou conduire à d'autres types de maltraitance.

En explorant chaque type d'abus, nous allons :

1. Définir et décrire la catégorie d'abus
2. Donnez des exemples de la manière dont cela se manifeste dans les maisons de retraite
3. Discutez des signes et des symptômes qui peuvent indiquer que ce type d'abus se produit
4. Examiner les impacts potentiels à court et à long terme sur les victimes âgées

En acquérant une compréhension globale de ces différentes formes de maltraitance, nous pouvons mieux nous équiper pour reconnaître les signes avant-coureurs, défendre les personnes âgées et œuvrer à la création d'environnements plus sûrs et plus dignes pour notre population vieillissante.

Violence physique

La violence physique est peut-être la forme la plus immédiatement reconnaissable de maltraitance envers les personnes âgées. Elle implique l'utilisation de la force physique qui peut entraîner des blessures corporelles, des douleurs physiques ou une déficience.

Définition et exemples

La maltraitance physique dans les maisons de retraite peut prendre de nombreuses formes, notamment :

1. Frapper, gifler ou pousser

2. Utilisation inappropriée de moyens de contention (physiques ou chimiques)
3. Gavage
4. Manipulation brutale lors des routines de soins
5. Administration inappropriée de médicaments (surmédication ou refus de médicaments nécessaires)

Signes et symptômes

Les indicateurs de violence physique peuvent inclure :

1. Ecchymoses, marques ou cicatrices inexpliquées
2. Os cassés ou entorses
3. Brûlures ou écorchures
4. Signes de contention aux poignets ou aux chevilles
5. Lunettes ou montures cassées
6. Peur envers certains membres du personnel
7. Changements soudains de comportement ou d'état émotionnel

Impact sur les victimes

Les effets de la violence physique peuvent être graves et durables :

1. Blessures physiques et douleurs chroniques
2. Diminution de la mobilité et de l'indépendance
3. Risque accru de problèmes de santé futurs
4. Traumatisme psychologique, notamment dépression et anxiété
5. Risque de mortalité accru

Étude de cas : L'histoire de Robert

Robert, un résident de 82 ans atteint de démence à un stade précoce, a commencé à présenter des ecchymoses inexpliquées sur les bras et le torse. Sa fille a remarqué qu'il devenait agité lorsque certains membres du personnel entraient dans sa chambre. Une enquête a révélé qu'un travailleur de nuit surmené et frustré avait maltraité Robert pendant les routines de soins de

nuit. Les violences physiques avaient exacerbé la confusion et l'anxiété de Robert, ce qui avait eu un impact significatif sur sa qualité de vie.

Violence psychologique

La maltraitance psychologique ou émotionnelle peut être plus difficile à détecter que la maltraitance physique, mais peut être tout aussi préjudiciable au bien-être d'une personne âgée.

Définition et exemples

La violence psychologique consiste à infliger une douleur, une angoisse ou une détresse psychologique par des actes verbaux ou non verbaux. Dans les maisons de retraite, cela peut inclure :

1. Agression verbale, insultes ou humiliation
2. Intimidation ou menaces
3. Isolement des amis, de la famille ou des activités habituelles
4. Ignorer la personne âgée ou lui infliger un « traitement silencieux »

5. Comportement infantilisant (traiter la personne âgée comme un enfant)

Signes et symptômes

Les indicateurs de maltraitance psychologique peuvent inclure :

1. Changements de comportement inexpliqués ou inhabituels
2. Retrait des interactions sociales
3. Dépression ou anxiété
4. Peur ou agitation
5. Perte d'intérêt pour les activités auparavant appréciées
6. Faible estime de soi ou estime de soi
7. Troubles du sommeil

Impact sur les victimes

Les effets de la violence psychologique peuvent être profonds et durables :

1. Diminution des fonctions cognitives
2. Risque accru de dépression et de troubles anxieux
3. Retrait social et isolement

4. Risque accru de problèmes de santé physique
5. Perte de l'estime de soi et du sentiment d'identité
6. Dans les cas graves, risque accru de suicide

Étude de cas : l'expérience de Maria

Maria, une résidente de 75 ans, s'est de plus en plus repliée sur elle-même et a refusé de participer aux activités sociales. Sa famille a remarqué qu'elle semblait craintive et anxieuse. On a découvert qu'un membre du personnel la rabaissait constamment, se moquait de son accent et menaçait de ne pas lui prodiguer de soins si elle se plaignait. Les violences psychologiques ont eu de graves répercussions sur la santé mentale et la qualité de vie de Maria.

Négligence et abandon

La négligence est l'une des formes les plus courantes de maltraitance envers les personnes âgées dans les maisons de

retraite, résultant souvent de problèmes systémiques tels que le manque de personnel ou une mauvaise formation.

Définition et exemples

La négligence implique l'incapacité à répondre aux besoins fondamentaux d'une personne âgée. Cela peut inclure :

1. Défaut de fournir suffisamment de nourriture ou d'eau
2. Négliger les besoins d'hygiène personnelle
3. Défaut de fournir les médicaments ou les soins médicaux nécessaires
4. Laisser une personne dans des conditions de vie insalubres ou dangereuses
5. Manque de prévention des escarres ou de prise en compte d'autres besoins médicaux

L'abandon, une forme extrême de négligence, implique l'abandon d'une personne âgée par une personne qui a assumé la responsabilité de ses soins.

Signes et symptômes

Les indicateurs de négligence ou d'abandon peuvent inclure :

1. Malnutrition ou déshydratation
2. Problèmes médicaux non traités
3. Mauvaise hygiène personnelle
4. Conditions de vie insalubres ou dangereuses
5. Des vêtements inadaptés à la météo
6. Escarres ou autres signes de soins inappropriés
7. Signes de sevrage ou de dépression

Impact sur les victimes

Les effets de la négligence et de l'abandon peuvent être graves :

1. Malnutrition et problèmes de santé associés
2. Aggravation de problèmes médicaux existants
3. Développement de nouveaux problèmes de santé
4. Risque accru de chutes et de blessures

5. Détresse psychologique, y compris dépression et anxiété
6. Dans les cas graves, risque de mortalité accru

Étude de cas : la situation critique de James

James, un résident de 88 ans à mobilité réduite, a développé de graves escarres et a montré des signes de malnutrition. L'enquête a révélé un manque chronique de personnel dans l'établissement, ce qui fait que les résidents comme James ne reçoivent pas les soins appropriés, ne sont pas repositionnés régulièrement ni ne reçoivent une alimentation adéquate. Cette négligence a eu de graves répercussions sur la santé et la qualité de vie de James, nécessitant une hospitalisation et un traitement intensif.

Abus financier

L'abus financier est une préoccupation croissante dans les maisons de retraite,

allant souvent de pair avec d'autres formes d'abus.

Définition et exemples

L'abus financier implique l'utilisation illégale ou inappropriée des fonds, des biens ou des actifs d'une personne âgée. Dans les maisons de retraite, cela peut inclure :

1. Vol d'argent ou d'objets de valeur
2. Falsifier la signature d'une personne âgée
3. Contraindre ou tromper une personne âgée pour qu'elle signe des documents (par exemple, des contrats ou des testaments)
4. Utilisation abusive de la procuration
5. Facturation de services non fournis ou surfacturation de services
6. Utiliser les fonds d'une personne âgée au profit du personnel ou d'un établissement sans autorisation

Signes et symptômes

Les indicateurs d'abus financier peuvent inclure :

1. Retraits inexpliqués sur des comptes bancaires
2. Effets personnels ou objets de valeur manquants
3. Changements soudains dans les conditions financières
4. Modifications inattendues apportées aux testaments ou autres documents financiers
5. Factures impayées malgré des ressources financières adéquates
6. Angoisse liée aux finances personnelles
7. Signatures sur des documents qui semblent falsifiés ou suspects

Impact sur les victimes

Les effets de l'abus financier peuvent être dévastateurs :

1. Perte de sécurité financière et d'indépendance

2. Incapacité à payer les soins nécessaires ou les améliorations de la qualité de vie
3. Détresse psychologique, y compris dépression et anxiété
4. Vulnérabilité accrue à d'autres formes d'abus
5. Perte de confiance dans les soignants et les institutions

Étude de cas : L'exploitation d'Eleanor

Eleanor, une résidente de 79 ans souffrant de troubles cognitifs légers, a remarqué que ses bijoux avaient disparu. Son fils a également trouvé des retraits bancaires inhabituels. Une enquête a révélé qu'un membre du personnel avait volé Eleanor et d'autres résidents, et les avait contraints à modifier leurs coordonnées bancaires. Les abus financiers ont non seulement eu un impact sur la sécurité financière d'Eleanor, mais aussi sur sa confiance dans la maison de retraite et son personnel.

Il est essentiel de comprendre ces différents types de maltraitance – physique, psychologique, de négligence et d'abandon, et financière – pour aborder le problème plus vaste de la maltraitance des personnes âgées dans les maisons de retraite. Chaque forme de maltraitance a ses caractéristiques, ses signes et ses conséquences uniques, mais toutes ont en commun de porter atteinte à la dignité, à la sécurité et au bien-être des personnes âgées.

Il est important de se rappeler que ces types de maltraitance se produisent souvent simultanément et peuvent s'aggraver mutuellement. Par exemple, une personne âgée victime de maltraitance financière peut être plus vulnérable à la négligence si elle n'a pas les moyens de se payer des soins appropriés, ou une personne victime de maltraitance psychologique peut être moins susceptible de signaler une maltraitance physique.

Reconnaître les signes de ces différentes formes de maltraitance est la première

étape pour résoudre ce problème crucial. Cela permet aux membres de la famille, aux soignants et à la communauté dans son ensemble d'identifier les abus potentiels et d'agir. De plus, comprendre la nature multiforme de la maltraitance des personnes âgées met en évidence la nécessité d'adopter des approches globales de prévention et d'intervention.

À mesure que nous progressons, il est essentiel d'utiliser ces connaissances pour éclairer les politiques, les programmes de formation et les systèmes de soutien dans les maisons de retraite. Ce faisant, nous pouvons œuvrer à la création d'environnements où toutes les formes de maltraitance sont reconnues, prévenues et rapidement traitées, garantissant ainsi que notre population âgée reçoit les soins, le respect et la dignité qu'elle mérite.

APPEL À L'ACTION

- Apprenez à reconnaître les signes des différents types de maltraitance envers les personnes âgées et partagez ces connaissances avec vos amis et votre famille.
- Faites du bénévolat dans une organisation locale de défense des droits des personnes âgées pour aider à sensibiliser les autres sur ces questions.
- Créez et distribuez des brochures d'information sur la maltraitance des personnes âgées dans votre communauté.

S'il vous plaît, partagez vos réflexions sur Amazon !

Votre avis nous aide à :

- Sensibiliser à la maltraitance des personnes âgées dans les maisons de retraite
- Soutenez les auteurs indépendants qui s'attaquent à des problèmes sociaux cruciaux
- Encourager davantage de recherche et d'action sur la réforme des soins aux personnes âgées

Comment laisser un avis :

- Accéder à la page Amazon du livre
- Cliquez sur « Écrire un avis client »
- Partagez vos pensées et expériences honnêtes
- Cliquez sur Soumettre

Si vous avez trouvé de la valeur dans ce livre, pensez à laisser un avis 5 étoiles !

Votre soutien contribue à alimenter les recherches sur les problèmes liés aux soins aux personnes âgées et favorise un changement positif dans nos maisons de retraite. En partageant vos réflexions, vous donnez la parole à ceux qui sont souvent ignorés et vous contribuez à un mouvement pour la dignité et le respect de nos aînés.

Ensemble, nous pouvons faire une différence dans la vie de nos aînés.

Cette version conserve la structure et l'objectif du texte original tout en adaptant le contenu au thème de votre livre sur la maltraitance des personnes âgées dans les maisons de retraite. Elle souligne l'importance de sensibiliser les lecteurs à la maltraitance des personnes âgées et les

encourage à contribuer à un changement positif par leurs critiques.

CHAPITRE 4

FACTEURS CONTRIBUTIFS

es abus et la négligence envers les personnes âgées vivant dans des maisons Lde retraite, aussi pénibles soient-ils, sont rarement isolés. Ils sont plutôt le résultat d'une interaction complexe de problèmes systémiques qui créent un environnement propice à la maltraitance et à la persistance de celle-ci. Il est essentiel de comprendre ces facteurs contributifs pour s'attaquer aux causes profondes de la maltraitance envers les personnes âgées et élaborer des stratégies de prévention efficaces.

Dans ce chapitre, nous aborderons trois principaux facteurs contribuant à la maltraitance des personnes âgées dans les maisons de retraite :

1. Manque de personnel et formation insuffisante

2. Pressions financières et recherche du profit
3. Problèmes de gestion et de supervision

En examinant ces facteurs en profondeur, nous pouvons commencer à comprendre pourquoi les abus se produisent malgré les meilleures intentions de nombreux acteurs du secteur des soins aux personnes âgées. Cette compréhension est essentielle pour élaborer des solutions globales qui s'attaquent non seulement aux symptômes de la maltraitance, mais également à ses causes sous-jacentes.

Il est important de noter que même si ces facteurs peuvent contribuer à créer un environnement propice à la maltraitance, ils n'excusent ni ne justifient les comportements abusifs. Au contraire, reconnaître ces problèmes systémiques nous permet d'aller au-delà du simple blâme des individus et de créer des changements significatifs et durables dans le système de soins aux personnes âgées.

Manque de personnel et formation insuffisante

L'un des principaux facteurs contribuant à la maltraitance des personnes âgées dans les maisons de retraite est le manque chronique de personnel et la formation inadéquate du personnel soignant. Ce problème a de lourdes conséquences, affecte la qualité des soins prodigués et augmente le risque de maltraitance et de négligence.

Manque de personnel

Le manque de personnel dans les maisons de retraite est un problème répandu dans de nombreux pays. Les raisons en sont multiples :

1. **Taux de rotation du personnel élevé** : la nature exigeante du travail, associée à des salaires souvent bas et à des conditions de travail difficiles, entraîne une rotation élevée du personnel. Cela crée un cycle constant d'embauche et de formation de nouveaux employés, ce qui peut être coûteux et prendre du temps.

2. **Contraintes budgétaires** : De nombreux établissements, en particulier ceux qui dépendent du financement public, fonctionnent avec des budgets serrés qui limitent leur capacité à embaucher et à retenir un personnel adéquat.

3. **Demande croissante** : À mesure que la population vieillit, la demande de services de soins aux personnes âgées

augmente, dépassant souvent la croissance du personnel soignant.

4. **Environnement de travail difficile** : Les exigences physiques et émotionnelles du travail de soignant peuvent rendre difficile l'attraction et la rétention du personnel, en particulier dans un marché du travail concurrentiel.

Les conséquences du manque de personnel sont graves :

- **Augmentation de la charge de travail** : avec moins de personnel, chaque soignant est responsable de plus de résidents. Cela peut entraîner des soins précipités, des tâches manquées et un stress accru pour les soignants et les résidents.

- **Épuisement professionnel** : le personnel surmené est plus susceptible de souffrir d'épuisement professionnel, ce qui peut entraîner de l'irritabilité, une diminution de l'empathie et, dans certains cas, un comportement abusif.

- **Négligence** : Lorsqu'il n'y a pas suffisamment de personnel pour

répondre aux besoins de tous les résidents, une négligence involontaire peut se produire. Cela peut se traduire par des retards dans la réponse aux appels à l'aide, des soins personnels inadéquats ou des besoins médicaux négligés.

- **Risque accru d'erreurs** : le personnel surmené et stressé est plus susceptible de commettre des erreurs, qui peuvent aller d'oublis mineurs à des erreurs médicales graves.

Étude de cas : la crise du travail de nuit

Dans une maison de retraite de taille moyenne en Ontario, au Canada, le manque chronique de personnel a entraîné une crise pendant les quarts de nuit. Avec seulement deux membres du personnel responsables de 60 résidents, dont beaucoup avaient besoin d'une assistance nocturne régulière, il est devenu impossible de répondre à tous les besoins des résidents. En conséquence, les résidents se retrouvaient avec des draps sales, manquaient des doses de médicaments et étaient plus susceptibles de

tomber lorsqu'ils tentaient de subvenir à leurs besoins sans aide.

Formation insuffisante

Même lorsque les effectifs sont suffisants, une formation insuffisante peut conduire à des abus ou à des négligences par inadvertance. Les principaux problèmes sont les suivants :

1. **Manque de connaissances spécialisées** : Prendre soin des personnes âgées, en particulier celles qui souffrent de pathologies complexes ou de troubles cognitifs, nécessite des connaissances et des compétences spécialisées. Sans formation adéquate, le personnel peut ne pas savoir comment gérer correctement les situations difficiles ou prodiguer les soins appropriés.

2. **Préparation inadéquate aux défis émotionnels** : Les soins aux personnes âgées peuvent être éprouvants sur le plan émotionnel. Sans formation adéquate en gestion du stress et en

résilience émotionnelle, les soignants peuvent avoir du mal à maintenir des limites professionnelles et un comportement approprié.

3. **Attention insuffisante portée à la prévention des abus** : De nombreux programmes de formation ne parviennent pas à aborder de manière adéquate le problème de la maltraitance des personnes âgées, laissant le personnel mal équipé pour reconnaître et signaler les abus potentiels.

4. **Manque de compétence culturelle** : À mesure que les populations deviennent plus diversifiées, de nombreux membres du personnel manquent de formation en matière de compétence culturelle, ce qui entraîne des malentendus ou un manque de respect involontaire des pratiques et croyances culturelles des résidents.

5. **Préparation incomplète aux situations d'urgence** : Une formation insuffisante aux procédures d'urgence peut conduire au chaos et à des dommages potentiels pour les résidents lors de situations de crise.

Les conséquences d'une formation insuffisante peuvent être considérables :

- **Abus involontaire** : Le personnel qui n'a pas reçu la formation adéquate peut causer des dommages par inadvertance en essayant de prodiguer des soins, par exemple en utilisant des techniques de levage inappropriées ou en manipulant mal les résidents souffrant de troubles cognitifs.

- **Incapacité à reconnaître les abus** : Sans formation adéquate, le personnel peut ne pas reconnaître les signes d'abus perpétrés par d'autres, ce qui permet à ces derniers de continuer sans contrôle.

- **Mauvaise qualité des soins** : un personnel insuffisamment formé peut fournir des soins de qualité inférieure, ce qui a un impact négatif sur la santé et la qualité de vie des résidents.

- **Augmentation du stress et de l'épuisement professionnel** : le personnel qui ne se sent pas préparé à son rôle est plus susceptible de subir du stress et de l'épuisement professionnel,

ce qui peut conduire à un comportement abusif.

Étude de cas : les lacunes en matière de soins pour les personnes atteintes de démence

Une maison de retraite en Floride, spécialisée dans les soins aux personnes atteintes de démence, a été confrontée à une série d'incidents dans lesquels des résidents atteints de démence avancée étaient soumis à des contentions chimiques en raison d'un comportement agressif. Une enquête a révélé que la plupart du personnel n'avait reçu qu'une formation de base sur les soins aux personnes atteintes de démence, ce qui les laissait mal équipés pour gérer des comportements difficiles sans recourir à des médicaments. Ce manque de formation spécialisée avait conduit à une dépendance excessive aux contentions chimiques, ce qui avait eu un impact négatif sur la qualité de vie et les fonctions cognitives des résidents.

Pressions financières et recherche du profit

Le secteur des soins aux personnes âgées, en particulier dans les pays dotés de systèmes privatisés, est souvent confronté à d'intenses pressions financières. Si la nécessité de maintenir la viabilité financière est compréhensible, une trop grande importance accordée au profit peut conduire à des décisions qui privilégient la réduction des coûts au détriment de la qualité des soins, ce qui peut contribuer à des situations de maltraitance ou de négligence.

L'essor des soins à but lucratif

Dans de nombreux pays, la tendance est à la privatisation des soins aux personnes âgées, les entreprises à but lucratif jouant un rôle de plus en plus important dans ce secteur. Si cette tendance peut être source d'efficacité et d'innovation, elle entraîne également de nouvelles pressions :

1. **Marges bénéficiaires** : Les établissements à but lucratif subissent la pression des actionnaires ou des propriétaires pour maintenir ou augmenter les marges bénéficiaires, ce qui peut conduire à des mesures de réduction des coûts qui affectent la qualité des soins.

2. **Concurrence sur le marché** : Dans un marché concurrentiel, les établissements peuvent ressentir la pression de maintenir les coûts bas pour attirer les résidents, ce qui peut conduire à un sous-investissement en personnel et en ressources.

3. **Économies d'échelle** : les grandes chaînes peuvent privilégier la standardisation et l'efficacité plutôt que les soins personnalisés afin de maximiser les profits dans plusieurs établissements.

L'impact de ces pressions financières peut se manifester de diverses manières :

- **Sous-effectif** : Pour réduire les coûts de main-d'œuvre, les établissements

peuvent fonctionner avec un personnel minimal, augmentant ainsi le risque de négligence et d'épuisement professionnel.

- **Sous-investissement dans la formation** : Les programmes de formation complets peuvent être coûteux et les établissements sous pression financière peuvent opter pour une formation minimale pour réduire les coûts.

- **Prendre des raccourcis en matière de soins** : cela peut impliquer de rationner les fournitures, de lésiner sur la qualité des aliments ou de retarder les travaux d'entretien ou de modernisation nécessaires des installations.

- **Pression sur le personnel** : Le personnel peut être contraint de travailler plus rapidement ou d'assumer davantage de responsabilités sans rémunération supplémentaire, ce qui peut conduire à des soins précipités ou inadéquats.

Étude de cas : le scandale Orpea

L'enquête menée sur le groupe Orpea , l'un des plus grands prestataires de soins aux personnes âgées en Europe, a révélé que la recherche du profit pouvait compromettre la qualité des soins. L'entreprise rationnait les produits de soins essentiels, notamment la nourriture et les produits d'hygiène, pour réduire les coûts et augmenter les bénéfices. Cette priorité systématique accordée au gain financier au détriment du bien-être des résidents a conduit à une négligence généralisée et à des soins de qualité inférieure dans de nombreux établissements.

Les défis du financement public

Alors que les établissements à but lucratif sont confrontés à des pressions uniques, les établissements financés par des fonds publics ne sont pas à l'abri des difficultés financières :

1. **Contraintes budgétaires** : les établissements financés par le

gouvernement fonctionnent souvent avec des budgets serrés, ce qui peut limiter leur capacité à investir dans le personnel, la formation et les ressources.

2. **Augmentation des coûts** : L'augmentation des coûts des soins de santé, associée à la complexité croissante des besoins en soins à mesure que les gens vivent plus longtemps, met à rude épreuve les budgets fixes.

3. **Pressions politiques** : Le financement des soins aux personnes âgées peut être soumis à des caprices politiques, ce qui entraîne une incertitude et un sous-financement potentiel.

Ces défis peuvent conduire à des problèmes similaires à ceux observés dans les établissements à but lucratif, notamment un manque de personnel, une formation inadéquate et des environnements de soins sous-optimaux.

Questions de gestion et de supervision

Même avec un personnel, une formation et un financement adéquats, une mauvaise gestion et une mauvaise supervision peuvent créer un environnement propice aux abus et à leur persistance. Les principaux problèmes sont les suivants :

Manque de surveillance

1. **Surveillance inadéquate** : Sans supervision adéquate, les comportements abusifs peuvent passer inaperçus ou ne pas être contrôlés.
2. **Défaut de traitement des plaintes** : Une direction qui ne prend pas au sérieux les plaintes des résidents ou des familles peut permettre que des situations abusives perdurent.
3. **Manque de responsabilité** : Sans structures de responsabilité claires, le personnel peut ne pas se sentir obligé de maintenir des normes de soins élevées.

Mauvaise culture organisationnelle

1. **Normalisation des soins de qualité inférieure** : Dans les établissements mal gérés, les pratiques de soins de qualité inférieure peuvent devenir normales au fil du temps.

2. **Manque d'autonomie** : le personnel qui ne se sent pas habilité à signaler des problèmes ou à suggérer des améliorations peut devenir complaisant ou désengagé.

3. **Donner la priorité aux procédures plutôt qu'aux personnes** : une direction qui se concentre davantage sur le respect des procédures que sur le bien-être des résidents peut par inadvertance créer un environnement où les abus sont plus probables.

Leadership inefficace

1. **Manque de vision** : Sans une vision claire de la qualité des soins, les établissements risquent de dériver vers la médiocrité ou pire.
2. **Mauvaise communication** : Une communication inefficace entre la direction, le personnel, les résidents et les familles peut entraîner des malentendus et des problèmes non résolus.
3. **Défaut de montrer l'exemple** : Lorsque les dirigeants ne donnent pas l'exemple en prodiguant des soins respectueux et centrés sur la personne, le personnel est moins susceptible de donner la priorité à ces valeurs.

Les conséquences de ces problèmes de gestion et de supervision peuvent être graves :

- **Persistance des abus** : Une mauvaise surveillance peut permettre aux comportements abusifs de perdurer sans contrôle.

- **Faible moral du personnel** : une mauvaise gestion conduit souvent à un faible moral du personnel, ce qui peut entraîner une diminution de la qualité des soins et un risque accru de comportements abusifs.
- **Taux de rotation élevé** : une gestion inefficace conduit souvent à un taux de rotation élevé du personnel, ce qui aggrave les pénuries de personnel et les problèmes de formation.
- **Résistance au changement** : Une mauvaise culture organisationnelle peut rendre difficile la mise en œuvre des changements ou des améliorations nécessaires dans les pratiques de soins.

Étude de cas : le combat du lanceur d'alerte

Dans une grande maison de retraite de Sydney, en Australie, une infirmière a fait part à plusieurs reprises à ses supérieurs de ses inquiétudes concernant les mauvais traitements infligés aux résidents et les erreurs de médication. Ses plaintes ont été systématiquement minimisées ou ignorées.

L'absence de réponse de la direction a non seulement permis la poursuite des abus, mais a également créé une culture dans laquelle le personnel estimait qu'il était inutile de signaler les problèmes. Cela a conduit à une sous-déclaration généralisée des incidents et à une acceptation généralisée de pratiques de soins de qualité inférieure.

Les facteurs contribuant à la maltraitance des personnes âgées dans les maisons de retraite – manque de personnel et de formation, pressions financières et problèmes de gestion et de supervision – sont complexes et souvent interdépendants. La résolution de ces problèmes systémiques nécessite une approche multidimensionnelle impliquant des changements de politique, un financement accru, des programmes de formation améliorés et un changement dans la façon dont la société valorise et priorise les soins aux personnes âgées.

Il est essentiel de reconnaître que même si ces facteurs peuvent créer un

environnement propice aux abus, ils ne doivent pas pour autant excuser ou justifier un comportement abusif. La responsabilisation individuelle doit aller de pair avec un changement systémique.

À l'avenir, nous devons nous attaquer en priorité à ces facteurs contributifs dans nos efforts pour lutter contre la maltraitance des personnes âgées. En nous attaquant à ces problèmes sous-jacents, nous pouvons créer des environnements où des soins de qualité et respectueux sont la norme et où la dignité et le bien-être de notre population âgée sont véritablement prioritaires.

<u>APPEL À L'ACTION</u>

- Plaidez en faveur de meilleures conditions de travail et de formation pour le personnel des maisons de retraite en écrivant aux gestionnaires d'établissements et aux décideurs politiques locaux.
- Envisagez de soutenir ou de lancer une pétition pour l'amélioration des ratios de personnel dans les établissements de soins.

- Organisez un forum communautaire pour discuter des causes profondes de la maltraitance des personnes âgées et réfléchir à des solutions locales.

S'il vous plaît, partagez vos réflexions sur Amazon !

Votre avis nous aide à :

- Sensibiliser à la maltraitance des personnes âgées dans les maisons de retraite
- Soutenez les auteurs indépendants qui s'attaquent à des problèmes sociaux cruciaux
- Encourager davantage de recherche et d'action sur la réforme des soins aux personnes âgées

Comment laisser un avis :

- Accéder à la page Amazon du livre
- Cliquez sur « Écrire un avis client »
- Partagez vos pensées et expériences honnêtes
- Cliquez sur Soumettre

Si vous avez trouvé de la valeur dans ce livre, pensez à laisser un avis 5 étoiles !

Votre soutien contribue à alimenter les recherches sur les problèmes liés aux soins aux personnes âgées et favorise un changement positif dans nos maisons de retraite. En partageant vos réflexions, vous donnez la parole à ceux qui sont souvent ignorés et vous contribuez à un mouvement pour la dignité et le respect de nos aînés.

Ensemble, nous pouvons faire une différence dans la vie de nos aînés.

Cette version conserve la structure et l'objectif du texte original tout en adaptant le contenu au thème de votre livre sur la maltraitance des personnes âgées dans les maisons de retraite. Elle souligne l'importance de sensibiliser les lecteurs à la maltraitance des personnes âgées et les encourage à contribuer à un changement positif par leurs critiques.

CHAPITRE 5

CONSÉQUENCES DES ABUS

La maltraitance des personnes âgées dans les maisons de retraite et les établissements de soins de longue durée a des conséquences profondes qui vont au-delà des victimes immédiates. Ce chapitre explore les multiples répercussions de la maltraitance sur la santé physique et mentale des résidents, les effets profonds sur leurs familles et les conséquences souvent négligées sur le personnel de santé. Il est essentiel de comprendre ces conséquences pour saisir toute l'ampleur de ce problème de société et élaborer des interventions efficaces.

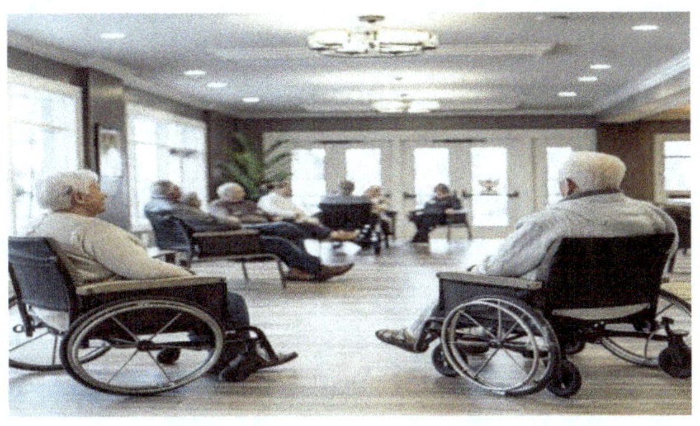

Impact sur la santé physique et mentale des résidents

Les effets de la maltraitance sur les personnes âgées sont souvent graves et durables, compromettant leur bien-être physique et mental.

Conséquences sur la santé physique

1. **Blessures et traumatismes physiques** : La maltraitance physique peut entraîner toute une série de blessures, allant des ecchymoses et des lacérations à des traumatismes plus graves comme des fractures ou des blessures internes. Ces blessures sont particulièrement dangereuses pour les

personnes âgées, qui peuvent avoir des problèmes de santé préexistants ou une capacité de guérison réduite.

2. **Détérioration des problèmes de santé existants** : Les abus et la négligence peuvent aggraver les problèmes de santé existants. Par exemple, le fait de ne pas fournir les médicaments ou les soins appropriés peut entraîner l'aggravation de maladies chroniques telles que le diabète, les maladies cardiaques ou l'arthrite.

3. **Malnutrition et déshydratation** : La négligence se manifeste souvent par une nutrition et une hydratation inadéquates, entraînant une perte de poids, une faiblesse et une sensibilité accrue aux maladies et aux infections.

4. **Risque accru de mortalité** : Des études ont montré que les victimes de maltraitance des personnes âgées ont un taux de mortalité nettement plus élevé que leurs pairs non maltraités. Le stress et les conséquences physiques de la maltraitance peuvent réduire l'espérance de vie.

5. **Déclin des capacités fonctionnelles** : La maltraitance peut accélérer la perte d'indépendance dans les activités quotidiennes, entraînant une fragilité et une dépendance accrues.

Conséquences sur la santé mentale

1. **Dépression et anxiété** : les abus entraînent souvent le développement ou l'aggravation de problèmes de santé mentale. Les sentiments d'impuissance, de peur et de tristesse sont courants et peuvent évoluer vers une dépression clinique ou des troubles anxieux.

2. **Trouble de stress post-traumatique (TSPT)** : les victimes d'abus graves ou prolongés peuvent développer un TSPT, vivre des flashbacks, des cauchemars et une anxiété sévère liés à leurs expériences traumatisantes.

3. **Déclin cognitif** : Le stress et les traumatismes associés à la maltraitance peuvent accélérer le déclin cognitif, augmentant potentiellement le risque ou la progression de la démence.

4. **Faible estime de soi et estime de soi** : les abus émotionnels ou la négligence constants peuvent éroder le sentiment d'estime de soi d'un individu, entraînant des sentiments d'inutilité et de honte.

5. **Retrait social** : Les résidents maltraités peuvent devenir de plus en plus isolés, se retirant des interactions sociales en raison de la peur, de la honte ou de la perte de confiance envers les autres.

6. **Troubles du sommeil** : L'anxiété et la peur résultant de la maltraitance peuvent entraîner de l'insomnie ou d'autres troubles du sommeil, affectant davantage la santé et le bien-être en général.

7. **Abus de substances** : Dans certains cas, les victimes peuvent se tourner vers l'abus d'alcool ou de médicaments comme mécanisme d'adaptation, compromettant davantage leur santé.

Conséquences pour les familles

L'impact de la maltraitance des personnes âgées s'étend au-delà de la victime immédiate, affectant profondément les membres de sa famille et ses proches.

Impact émotionnel et psychologique

1. **Culpabilité et auto-accusation** : Les membres de la famille éprouvent souvent un sentiment intense de culpabilité pour ne pas avoir empêché l'abus ou pour avoir placé leur proche dans un établissement où l'abus a eu lieu.
2. **Colère et frustration** : Découvrir qu'un être cher a été victime de maltraitance peut déclencher une colère intense envers les auteurs et le système qui a permis que cela se produise.
3. **Anxiété et dépression** : Le fardeau émotionnel lié à la maltraitance peut entraîner de l'anxiété et de la dépression chez les membres de la famille, surtout s'ils se sentent impuissants à changer la situation.

4. **Problèmes de confiance** : les familles peuvent développer une méfiance durable envers les institutions et les professionnels de la santé, ce qui rend les décisions en matière de soins futurs plus difficiles.

Dynamique et relations familiales

1. **Relations familiales tendues** : les désaccords sur la manière de gérer la situation peuvent créer des tensions et des conflits au sein des familles.
2. **Épuisement professionnel des soignants** : les membres de la famille peuvent assumer des responsabilités accrues en matière de soins, ce qui entraîne un épuisement physique et émotionnel.
3. **Pression financière** : les procédures judiciaires, les dispositifs de soins alternatifs ou les traitements médicaux résultant de maltraitance peuvent représenter un fardeau financier important pour les familles.

Effets à long terme

1. **Traumatisme intergénérationnel** : L'expérience de maltraitance envers les personnes âgées peut affecter la façon dont les plus jeunes membres de la famille perçoivent le vieillissement et prennent soin des personnes âgées, influençant potentiellement leurs décisions et attitudes futures.

2. **Défense des droits et activisme** : Certains membres de la famille peuvent mettre à profit leurs expériences pour devenir des défenseurs des droits des personnes âgées et de meilleures normes de soins.

3. **Changements dans la planification familiale** : L'expérience peut influencer la façon dont les familles planifient leur propre vieillissement ou prennent soin d'autres parents âgés.

Impact sur le personnel soignant

Les conséquences de la maltraitance des personnes âgées ne se limitent pas aux résidents et à leurs familles ; le personnel soignant de ces établissements est également considérablement affecté.

Impact émotionnel et psychologique

1. **Détresse morale** : Le personnel qui est témoin d'abus mais se sent impuissant à les empêcher éprouve souvent une détresse morale importante, conduisant à l'épuisement professionnel et à la fatigue de compassion.

2. **Stress traumatique secondaire** : Les soignants qui travaillent en étroite collaboration avec les victimes de maltraitance peuvent souffrir d'un stress traumatique secondaire, semblable au SSPT, en raison d'une exposition répétée aux traumatismes d'autrui.

3. **Culpabilité et honte** : Les membres du personnel qui ne reconnaissent pas ou ne signalent pas les abus peuvent être confrontés à d'intenses sentiments de culpabilité et de honte.

4. **Diminution de la satisfaction au travail** : La présence de maltraitance dans un établissement peut réduire

considérablement la satisfaction au travail et le moral du personnel.

Conséquences professionnelles

1. **Augmentation du taux de rotation du personnel** : Le stress et les conséquences émotionnelles du travail dans un environnement où les abus se produisent peuvent entraîner des taux de rotation du personnel plus élevés.
2. **Dilemmes juridiques et éthiques** : Le personnel peut être confronté à des décisions difficiles concernant le signalement d'abus, en particulier s'il craint des représailles ou une perte d'emploi.
3. **Stigmatisation** : Les professionnels de santé associés à des établissements où des abus ont eu lieu peuvent être confrontés à la stigmatisation dans leur vie professionnelle et personnelle.

Impact sur la qualité des soins

1. **Détérioration des normes de soins** : Une culture d'abus peut conduire à un déclin général des normes de soins à mesure que le personnel devient désensibilisé ou démoralisé.
2. **Rupture de communication** : La peur et la méfiance résultant de la maltraitance peuvent entraver la communication efficace entre le personnel, les résidents et les familles.
3. **Empathie réduite** : Le stress chronique et l'épuisement professionnel peuvent entraîner une diminution de l'empathie parmi les professionnels de la santé, ce qui peut compromettre la qualité des soins.

Impact sociétal

Les conséquences de la maltraitance des personnes âgées dans les établissements de soins s'étendent au-delà des individus et des familles, affectant la société dans son ensemble.

1. **Augmentation des coûts des soins de santé** : les conséquences des abus sur la santé physique et mentale entraînent souvent une augmentation du recours aux soins de santé et des coûts associés.

2. **Pression sur les services sociaux** : Le traitement des cas de maltraitance des personnes âgées exerce une pression supplémentaire sur les services sociaux et les services de protection des adultes déjà surchargés.

3. **Érosion de la confiance dans les systèmes de soins** : les scandales d'abus généralisés peuvent éroder la confiance du public dans l'ensemble du système de soins aux personnes âgées, rendant plus difficile la fourniture des soins nécessaires à la population vieillissante.

4. **Défis juridiques et réglementaires** : Les cas de maltraitance conduisent souvent à des poursuites judiciaires et à des exigences de réglementations plus strictes, nécessitant des ressources importantes et affectant potentiellement l'ensemble du secteur des soins.

Les conséquences de la maltraitance des personnes âgées dans les maisons de retraite et les établissements de soins sont vastes et profondément percutantes. Des effets dévastateurs sur la santé physique et mentale des résidents aux traumatismes durables subis par les familles, en passant par les répercussions professionnelles et personnelles sur le personnel de santé, les répercussions de la maltraitance touchent tous les aspects de l'écosystème des soins. Il est essentiel de reconnaître ces conséquences multidimensionnelles pour élaborer des stratégies globales visant à prévenir la maltraitance, à soutenir les victimes et leurs familles et à créer une culture de soins de qualité et empreints de compassion pour notre population âgée. Cela souligne le besoin urgent de changements systémiques, d'une meilleure surveillance et d'un engagement sociétal à valoriser et à protéger nos aînés les plus vulnérables.

APPEL À L'ACTION

- Partagez les histoires de survivants d'abus (avec leur permission) pour mettre en évidence l'impact réel de la maltraitance des personnes âgées.
- Organisez un événement communautaire pour discuter des effets de la maltraitance des personnes âgées sur les familles et les soignants.
- Créer un groupe de soutien pour les familles touchées par la maltraitance des personnes âgées dans les établissements de soins.

S'il vous plaît, partagez vos réflexions sur Amazon !

Votre avis nous aide à :

- Sensibiliser à la maltraitance des personnes âgées dans les maisons de retraite
- Soutenez les auteurs indépendants qui s'attaquent à des problèmes sociaux cruciaux
- Encourager davantage de recherche et d'action sur la réforme des soins aux personnes âgées

Comment laisser un avis :

- Accéder à la page Amazon du livre
- Cliquez sur « Écrire un avis client »
- Partagez vos pensées et expériences honnêtes
- Cliquez sur Soumettre

Si vous avez trouvé de la valeur dans ce livre, pensez à laisser un avis 5 étoiles !

Votre soutien contribue à alimenter les recherches sur les problèmes liés aux soins aux personnes âgées et favorise un changement positif dans nos maisons de retraite. En partageant vos réflexions, vous donnez la parole à ceux qui sont souvent ignorés et vous contribuez à un mouvement pour la dignité et le respect de nos aînés.

Ensemble, nous pouvons faire une différence dans la vie de nos aînés.

Cette version conserve la structure et l'objectif du texte original tout en adaptant le contenu au thème de votre livre sur la maltraitance des personnes âgées dans les maisons de retraite. Elle souligne l'importance de sensibiliser les lecteurs à la maltraitance des personnes âgées et les encourage à contribuer à un changement positif par leurs critiques.

CHAPITRE 6

PERSPECTIVE INTERNATIONALE

a maltraitance des personnes âgées dans les établissements de soins est un Lproblème mondial qui transcende les frontières nationales, les différences culturelles et les clivages économiques. Ce chapitre propose une exploration complète du paysage international des soins et de la maltraitance des personnes âgées, offrant un aperçu de la manière dont différents pays abordent ce défi complexe. En examinant divers systèmes, en analysant des études de cas détaillées et en mettant en évidence des initiatives de réforme innovantes dans le monde entier, nous pouvons tirer des enseignements précieux pour éclairer des stratégies plus efficaces de prévention et de lutte contre la maltraitance des personnes âgées à l'échelle mondiale.

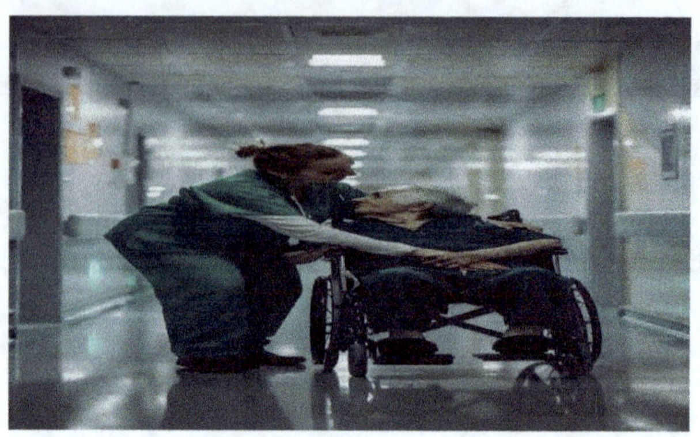

Analyse comparative des systèmes de soins aux personnes âgées et de la prévalence des abus

La prévalence et la nature des maltraitances envers les personnes âgées dans les établissements de soins varient considérablement d'un pays à l'autre, en fonction des normes culturelles, des facteurs économiques, des systèmes de santé et des attitudes sociétales à l'égard du vieillissement. Cette section propose un examen approfondi de plusieurs pays clés, en examinant leurs approches en matière de soins aux personnes âgées et les défis auxquels ils sont confrontés dans la lutte contre les maltraitances.

États-Unis

Les États-Unis sont confrontés à des défis considérables en matière de soins aux personnes âgées, avec un système fragmenté qui varie considérablement d'un État à l'autre. Selon le National Council on Aging, environ 1 Américain sur 10 âgé de 60 ans et plus a subi une forme de maltraitance envers les personnes âgées, et certaines études suggèrent que le taux dans les maisons de retraite et les établissements de soins de longue durée pourrait être beaucoup plus élevé.

Principales caractéristiques du système américain :

- Un mélange d'établissements privés et publics, Medicare et Medicaid jouant un rôle crucial dans le financement
- Lois sur la déclaration obligatoire des soupçons de maltraitance dans la plupart des États
- Surveillance fédérale par l'intermédiaire des Centers for Medicare & Medicaid Services (CMS)

- La loi sur la justice pour les aînés, adoptée en 2010, vise à prévenir et à lutter contre la maltraitance, la négligence et l'exploitation des personnes âgées.

Malgré ces mesures, le sous-signalement reste un problème important. Le Centre national sur la maltraitance des personnes âgées estime que seulement 1 cas de maltraitance sur 14 est signalé aux autorités. Ce sous-signalement est attribué à divers facteurs, notamment la peur des représailles, le manque de sensibilisation et les troubles cognitifs chez les résidents.

Une étude de 2019 publiée dans le Journal of Elder Abuse & Neglect a révélé que 64 % du personnel des établissements de soins de longue durée a admis avoir commis une forme de maltraitance au cours de l'année écoulée. Cette statistique surprenante souligne la nature omniprésente du problème et le besoin urgent de réformes systémiques.

Royaume-Uni

Le Royaume-Uni est aux prises avec la maltraitance des personnes âgées dans les maisons de retraite, notamment à la lumière des scandales très médiatisés de ces dernières années. La Care Quality Commission (CQC) réglemente les maisons de retraite en Angleterre, avec des organismes similaires en Écosse (Care Inspectorate), au Pays de Galles (Care Inspectorate Wales) et en Irlande du Nord (Regulation and Quality Improvement Authority).

Aspects clés du système britannique :

- Un service national de santé (NHS) qui fournit des soins de longue durée, complétés par des établissements privés
- Procédures de protection obligatoires pour les adultes vulnérables
- Inspections régulières par des organismes de réglementation comme le CQC

- La loi Care Act 2014, qui place la protection des adultes sur une base statutaire

Selon un rapport d'Age UK, jusqu'à 500 000 personnes âgées au Royaume-Uni pourraient être victimes de maltraitance ou de négligence chaque année, une part importante d'entre elles se produisant dans des établissements de soins. Le rapport 2019/2020 du CQC a révélé que 1 % des maisons de retraite étaient considérées comme « inadéquates » et 15 % comme « nécessitant des améliorations » en termes de sécurité, ce qui indique des défis permanents pour garantir des soins de qualité.

Le Royaume-Uni est également à l'avant-garde de la lutte contre les abus financiers dans les établissements de soins. Le Bureau du tuteur public, créé en vertu de la loi sur la capacité mentale de 2005, joue un rôle crucial dans la protection des adultes vulnérables contre l'exploitation financière.

Allemagne

L'approche allemande en matière de soins aux personnes âgées est souvent citée en exemple par d'autres pays. Le pays a mis en place une assurance dépendance en 1995, qui a contribué à financer un système complet de soins.

Caractéristiques notables du système allemand :

- Assurance soins de longue durée obligatoire pour tous les citoyens
- Une forte emphase sur les soins à domicile et les services communautaires
- Réglementation stricte et inspections régulières des établissements de soins
- Les Pflegestärkungsgesetze (lois de renforcement des soins), une série de réformes mises en œuvre entre 2015 et 2017 pour améliorer la qualité des soins

Malgré ces mesures, des études suggèrent que la maltraitance des personnes âgées reste un problème en Allemagne. Une étude réalisée en 2018 par le Centre allemand de

gérontologie estime qu'entre 5 et 10 % des personnes âgées en Allemagne subissent une forme de maltraitance, y compris dans les établissements de soins.

L'approche adoptée par l'Allemagne en matière de développement du personnel soignant est particulièrement remarquable. Le pays a mis en place des programmes de formation complets pour les soignants, notamment une formation professionnelle de trois ans destinée aux professionnels des soins aux personnes âgées. Cette approche axée sur la professionnalisation vise à améliorer la qualité des soins et à réduire le risque d'abus grâce à un personnel mieux formé.

Japon

Le Japon est le pays qui compte la plus grande population âgée au monde. L'approche du pays en matière de soins aux personnes âgées est donc particulièrement intéressante. Le pays a mis en place un

système complet d'assurance soins de longue durée en 2000, qui a depuis été révisé à plusieurs reprises pour répondre à l'évolution démographique et aux besoins en matière de soins.

Éléments clés du système japonais :

- Assurance universelle pour soins de longue durée
- L'accent culturel mis sur la piété filiale, qui peut parfois masquer des abus
- Utilisation innovante de la technologie dans les milieux de soins pour prévenir et détecter les abus
- Le « système de soins intégrés communautaires », qui vise à fournir des soins de santé et des soins de longue durée continus dans les communautés

Bien que les statistiques officielles sur la maltraitance des personnes âgées dans les établissements de soins japonais soient limitées, une enquête gouvernementale de 2020 a révélé qu'environ 17 000 cas de maltraitance par des soignants ont été signalés en une seule année, les experts

estimant que ce chiffre est sous-estimé. Le gouvernement japonais a réagi en adoptant des initiatives telles que la loi sur la prévention de la maltraitance des personnes âgées, promulguée en 2006, qui impose le signalement des cas présumés de maltraitance.

L'approche du Japon pour répondre aux défis posés par le vieillissement de la population va au-delà des modèles de soins traditionnels. Le pays a été un pionnier dans le développement de robots de soins et d'autres technologies d'assistance pour compléter les soins humains, réduisant ainsi potentiellement le risque de maltraitance résultant du stress et de l'épuisement professionnel des soignants.

Études de cas : défis universels et enjeux régionaux spécifiques

L'étude de cas spécifiques dans le monde entier peut apporter des informations précieuses sur les défis communs et les problèmes régionaux spécifiques à la lutte contre la maltraitance des personnes âgées

dans les établissements de soins. Ces études de cas offrent une compréhension plus nuancée des complexités liées à la prévention et à la lutte contre la maltraitance des personnes âgées dans différents contextes culturels et sociétaux.

Étude de cas 1 : Pénurie de personnel dans les maisons de retraite suédoises

En 2020, la Suède a fait l'objet de critiques internationales pour sa gestion de la pandémie de COVID-19 dans les maisons de retraite, qui ont mis en lumière des problèmes de longue date de sous-effectif et de formation inadéquate. Ce cas montre comment des problèmes systémiques peuvent conduire à la négligence et à des soins de qualité inférieure, même dans des pays connus pour leurs systèmes de protection sociale solides.

Contexte : La Suède est depuis longtemps considérée comme un modèle d'État providence, doté d'un système complet de soins aux personnes âgées. Cependant, la pandémie de COVID-19 a révélé

d'importantes faiblesses du système, en particulier dans les maisons de retraite.

Questions clés :

- Manque chronique de personnel dans de nombreux établissements
- Forte proportion de travailleurs à temps partiel et temporaires
- Formation inadéquate, notamment en matière de mesures de contrôle des infections
- Manque d'équipements de protection individuelle (EPI) pendant la pandémie

Conséquences:

- Taux de mortalité élevés parmi les résidents des maisons de retraite pendant la pandémie
- Augmentation des cas de négligence en raison du surmenage du personnel
- Tollé public et appels à une réforme systémique

Principaux enseignements :

- L'importance cruciale de ratios de dotation en personnel adéquats
- La nécessité d'une formation et d'un soutien continus pour les soignants
- Les conséquences potentielles de la priorité donnée à l'efficacité plutôt qu'à la qualité des soins
- L'importance de plans de préparation aux situations d'urgence solides dans les établissements de soins

Ce cas montre comment même des systèmes bien considérés peuvent avoir des problèmes sous-jacents qui, lorsqu'ils sont révélés par une crise, peuvent entraîner de graves conséquences pour les personnes âgées vulnérables.

Étude de cas 2 : Abus financiers dans les établissements de soins pour personnes âgées en Australie

Une commission royale d'enquête sur la qualité et la sécurité des soins aux personnes âgées en Australie, menée de

2018 à 2021, a révélé des abus financiers généralisés dans les maisons de retraite, notamment des surfacturations et des détournements de fonds des résidents. Cette affaire met en évidence la nature complexe de la maltraitance des personnes âgées, qui va au-delà des mauvais traitements physiques et émotionnels.

Contexte : Le système australien de soins aux personnes âgées fait l'objet d'un examen minutieux depuis des années, notamment en ce qui concerne la qualité des soins et la gestion financière. La commission royale a été créée en réponse à une série de scandales et aux inquiétudes du public.

Principales conclusions :

- Cas d'établissements facturant des services non fournis
- Détournement des fonds personnels des résidents par les membres du personnel
- Des structures tarifaires complexes qui ont semé la confusion chez les résidents et les familles

- Des processus de surveillance financière et d'audit inadéquats

Conséquences:

- Pertes financières pour de nombreux résidents âgés
- Érosion de la confiance dans le système de soins aux personnes âgées
- Appels à des réformes majeures dans le secteur

Principales conclusions :

- La nécessité d'une surveillance financière rigoureuse dans les établissements de soins
- L'importance d'éduquer les résidents et les familles sur leurs droits financiers
- Le rôle des organismes de réglementation dans la prévention de l'exploitation financière
- Le potentiel de la technologie pour améliorer la transparence dans la gestion financière

Cette étude de cas démontre que la maltraitance des personnes âgées ne se

limite pas à la maltraitance physique ou émotionnelle, et que la maltraitance financière peut avoir de graves répercussions sur le bien-être et la dignité des personnes âgées prises en charge.

Étude de cas 3 : Facteurs culturels dans la maltraitance des personnes âgées en Inde

En Inde, où les soins traditionnels de type familial cèdent la place aux soins en institution dans les zones urbaines, une étude réalisée dans des maisons de retraite à Delhi a révélé comment les facteurs culturels peuvent influencer la manifestation et le signalement des cas de maltraitance envers les personnes âgées. Des problèmes tels que la stigmatisation liée aux soins en institution et les normes culturelles de respect des personnes âgées compliquent l'identification et le traitement des cas de maltraitance.

Contexte : L'Inde connaît un vieillissement rapide de sa population, parallèlement à l'urbanisation et à l'évolution des structures familiales. Cette situation a conduit à une

augmentation du recours aux soins en institution, un concept qui entre en conflit avec les valeurs traditionnelles de piété filiale.

Questions clés :

- Stigmatisation associée au placement des personnes âgées dans des maisons de retraite
- Réticence culturelle à discuter ou à signaler les abus
- Manque d'outils d'évaluation culturellement adaptés pour les abus
- Surveillance réglementaire limitée des établissements de soins

Résultats:

- Sous-déclaration des abus en raison de la honte et de la peur du déshonneur familial
- Formes de maltraitance influencées par les normes culturelles (par exemple, refuser des aliments traditionnels en guise de punition)

- Le personnel n'est souvent pas formé pour reconnaître les formes de maltraitance spécifiques à la culture
- Les résidents hésitent à se plaindre en raison de l'accent culturel mis sur le respect de l'autorité

Leçons apprises :

- La nécessité d'approches culturellement sensibles pour détecter et prévenir les abus
- L'importance de l'engagement communautaire dans la surveillance des établissements de soins
- Le rôle de l'éducation publique dans le changement des attitudes à l'égard des soins et de la maltraitance des personnes âgées
- La nécessité de développer des outils d'évaluation et des stratégies d'intervention culturellement adaptés

Cette étude de cas souligne l'importance de prendre en compte les contextes culturels lorsqu'on aborde la question de la maltraitance des personnes âgées, en

particulier dans les sociétés qui connaissent des changements sociaux rapides.

Initiatives et réformes internationales innovantes

Partout dans le monde, des pays mettent en œuvre des approches innovantes pour lutter contre la maltraitance des personnes âgées dans les établissements de soins. Ces initiatives démontrent le potentiel de solutions créatives pour résoudre ce problème complexe.

1. Surveillance axée sur la technologie aux Pays-Bas

Les Pays-Bas ont été les premiers à utiliser des technologies intelligentes dans les maisons de retraite. Certains établissements utilisent des systèmes de capteurs pour surveiller les mouvements des résidents et alerter le personnel en cas de chutes potentielles ou de comportements inhabituels pouvant indiquer des abus ou une négligence.

Initiatives spécifiques :

- Le système « Smart Floor », qui utilise des dalles sensibles à la pression pour détecter les chutes et les mouvements
- Systèmes de surveillance acoustique capables de détecter les sons de détresse
- Analyse vidéo basée sur l'IA pour identifier les situations d'abus potentielles tout en préservant la confidentialité

Impact:

- Réduction des délais de réponse aux urgences
- Détection améliorée des modèles pouvant indiquer des abus
- Sentiment de sécurité accru pour les résidents et les familles
- Potentiel d'intervention précoce dans les situations de maltraitance

Défis :

- Équilibrer la surveillance et les préoccupations en matière de confidentialité

- S'assurer que le personnel est correctement formé pour utiliser et interpréter les données de ces systèmes
- Coûts initiaux de mise en œuvre élevés

L'approche néerlandaise démontre comment la technologie peut être exploitée pour créer des environnements de soins plus sûrs tout en respectant la dignité et la vie privée des résidents.

2. Programmes de soins intergénérationnels à Singapour

Singapour a mis en place des programmes qui associent écoles maternelles et maisons de retraite, favorisant ainsi les interactions entre les générations. Cette approche s'est révélée prometteuse pour améliorer la qualité de vie des personnes âgées et créer un environnement de soins plus ouvert, axé sur la communauté et moins sujet aux abus.

Caractéristiques principales :

- Installations colocalisées pour les enfants et les personnes âgées

- Activités intergénérationnelles structurées et espaces partagés
- Formation du personnel en soins aux personnes âgées et en éducation de la petite enfance
- Participation de la communauté aux activités de l'établissement

Avantages:

- Engagement social accru pour les personnes âgées
- Une meilleure surveillance communautaire des établissements de soins
- Amélioration de l'empathie et de la compréhension entre les générations
- Stimulation cognitive améliorée pour les personnes âgées
- Réduction de l'isolement et de la dépression chez les résidents

Défis :

- Assurer des limites et des mesures de sécurité appropriées

- Gérer les divers besoins des différents groupes d'âge
- Surmonter le scepticisme initial des familles et des membres de la communauté

Le modèle de soins intergénérationnels de Singapour offre une approche unique pour créer des environnements de soins plus dynamiques et connectés qui peuvent naturellement dissuader les abus grâce à une transparence accrue et à l'implication de la communauté.

3. Approche fondée sur les droits au Canada

Le Canada a mis en œuvre dans certaines provinces une approche fondée sur les droits en matière de soins aux personnes âgées, mettant l'accent sur l'autonomie et la dignité des résidents. Cela comprend des initiatives telles que la création de conseils de résidents dans les maisons de retraite et une formation obligatoire aux droits pour le personnel et les résidents.

Éléments clés :

- Déclaration des droits des résidents inscrite dans la législation provinciale
- Conseils de résidents obligatoires dans les maisons de retraite
- Séances régulières d'éducation aux droits pour le personnel, les résidents et les familles
- Programmes d'ombudsman spécifiquement destinés aux résidents des établissements de soins de longue durée

Résultats :

- Autonomisation des résidents pour qu'ils puissent se défendre eux-mêmes
- Sensibilisation accrue du personnel et des familles aux droits
- Réduction des cas signalés de maltraitance et de négligence
- Amélioration de la communication entre les résidents, les familles et le personnel

Défis :

- Assurer une participation significative des résidents ayant des troubles cognitifs
- Surmonter la résistance institutionnelle à une plus grande autonomie des résidents
- Équilibrer les droits individuels avec les préoccupations en matière de santé et de sécurité

L'approche canadienne fondée sur les droits démontre comment l'autonomisation des résidents et la sensibilisation aux droits peuvent créer une culture de respect et de dignité dans les milieux de soins.

4. Assistance complète du personnel au Danemark

Le Danemark a mis l'accent sur l'amélioration des conditions de travail et du soutien au personnel soignant afin de prévenir les abus. Cela comprend des salaires plus élevés, un meilleur ratio personnel/résidents et un soutien complet

en matière de santé mentale pour les soignants.

Principales initiatives :

- Des salaires et des avantages compétitifs pour les travailleurs du secteur des soins
- Ratios obligatoires personnel/résident
- Supervision régulière et contrôles de santé mentale du personnel
- Programmes de formation complets, incluant la gestion du stress et la résolution des conflits

Résultats:

- Taux de rotation du personnel plus faibles
- Amélioration de la qualité des soins
- Réduction de l'incidence de la négligence et des abus liés à l'épuisement professionnel
- Augmentation de la satisfaction au travail chez les soignants

Défis :

- Des coûts de soins plus élevés
- Assurer une mise en œuvre cohérente dans différentes installations
- Aborder les attitudes sociétales à l'égard du travail de soins

L'approche du Danemark souligne l'importance de s'attaquer aux causes profondes des abus, notamment le stress et l'épuisement professionnel du personnel, au moyen de systèmes de soutien complets.

La perspective mondiale sur la maltraitance des personnes âgées dans les établissements de soins révèle à la fois l'universalité de certains défis et la diversité des approches pour y faire face. Si la prévalence de la maltraitance demeure une préoccupation majeure dans le monde entier, des initiatives et des réformes innovantes offrent l'espoir d'une amélioration.

Les principaux points à retenir de ce tour d'horizon international sont les suivants :

1. L'importance de cadres réglementaires et de surveillance solides
2. Le potentiel de la technologie dans la surveillance et la prévention des abus
3. La valeur de l'engagement communautaire et des programmes intergénérationnels
4. Le rôle essentiel du soutien et de la formation du personnel dans la prévention des abus
5. La nécessité d'approches culturellement sensibles en matière de soins et de prévention des abus
6. L'efficacité des approches fondées sur les droits pour autonomiser les résidents
7. Le potentiel de la surveillance financière pour prévenir l'exploitation économique
8. L'importance de s'attaquer aux problèmes systémiques comme la pénurie de personnel

En s'inspirant des expériences et des meilleures pratiques internationales, les pays peuvent œuvrer à la création de systèmes de soins qui non seulement préviennent les abus, mais améliorent également la dignité, l'autonomie et la

qualité de vie des personnes âgées dans les établissements de soins. La nature mondiale de ce défi exige une collaboration internationale continue et un partage des connaissances pour protéger nos populations âgées les plus vulnérables.

À mesure que les sociétés du monde entier vieillissent, il devient de plus en plus impératif de lutter contre la maltraitance des personnes âgées dans les établissements de soins. Les diverses approches présentées dans ce chapitre démontrent qu'il n'existe pas de solution universelle. Au contraire, les stratégies efficaces doivent être adaptées aux contextes locaux tout en s'appuyant sur les meilleures pratiques mondiales. En combinant les innovations technologiques, la sensibilité culturelle, les approches fondées sur les droits et un soutien complet du personnel, nous pouvons œuvrer pour un avenir où la maltraitance des personnes âgées dans les établissements de soins deviendra de plus en plus rare et où les personnes âgées pourront vieillir dans la dignité, le respect et la sécurité.

APPEL À L'ACTION

- Effectuez des recherches sur les politiques de soins aux personnes âgées dans d'autres pays et partagez les meilleures pratiques avec les décideurs politiques locaux.
- Rejoignez les forums internationaux sur les droits des personnes âgées pour entrer en contact avec des défenseurs du monde entier.
- Organisez un webinaire ou un événement local avec des intervenants de différents pays pour discuter des pratiques mondiales en matière de soins aux personnes âgées.

S'il vous plaît, partagez vos réflexions sur Amazon !

Votre avis nous aide à :

- Sensibiliser à la maltraitance des personnes âgées dans les maisons de retraite
- Soutenez les auteurs indépendants qui s'attaquent à des problèmes sociaux cruciaux
- Encourager davantage de recherche et d'action sur la réforme des soins aux personnes âgées

Comment laisser un avis :

- Accéder à la page Amazon du livre
- Cliquez sur « Écrire un avis client »
- Partagez vos pensées et expériences honnêtes
- Cliquez sur Soumettre

Si vous avez trouvé de la valeur dans ce livre, pensez à laisser un avis 5 étoiles !

Votre soutien contribue à alimenter les recherches sur les problèmes liés aux soins aux personnes âgées et favorise un changement positif dans nos maisons de retraite. En partageant vos réflexions, vous donnez la parole à ceux qui sont souvent ignorés et vous contribuez à un mouvement pour la dignité et le respect de nos aînés.

Ensemble, nous pouvons faire une différence dans la vie de nos aînés.

Cette version conserve la structure et l'objectif du texte original tout en adaptant le contenu au thème de votre livre sur la maltraitance des personnes âgées dans les maisons de retraite. Elle souligne l'importance de sensibiliser les lecteurs à la maltraitance des personnes âgées et les

encourage à contribuer à un changement positif par leurs critiques.

CHAPITRE 7:

RÉPONSES ET SOLUTIONS

Le défi de la maltraitance des personnes âgées dans les établissements de soins exige une réponse globale et nuancée qui s'attaque à la fois à ses manifestations immédiates et à ses causes sous-jacentes. Comme nous l'avons vu tout au long de cet ouvrage, le problème est complexe et multiforme, nécessitant des solutions tout aussi sophistiquées et de grande portée. Ce chapitre examine les différentes approches mises en œuvre dans le monde pour lutter contre la maltraitance des personnes âgées et améliorer la qualité de vie des personnes âgées dans les établissements de soins, en mettant l'accent sur les réformes législatives, les initiatives communautaires et les pratiques innovantes qui se sont révélées prometteuses pour résoudre ce problème crucial.

Réformes législatives et réglementaires

Le cadre juridique qui régit les soins aux personnes âgées joue un rôle crucial dans la prévention et la lutte contre les abus. Au cours des dernières décennies, de nombreux pays ont renforcé leurs approches législatives visant à protéger les personnes âgées vulnérables dans les établissements de soins. Ces réformes reflètent une compréhension croissante des complexités de la maltraitance des personnes âgées et de la nécessité de protections juridiques solides.

Aux États-Unis, l'Elder Justice Act de 2010 a marqué une étape importante dans la réponse fédérale à la maltraitance des

personnes âgées. Cette législation complète a non seulement rendu obligatoire le signalement des crimes présumés contre les résidents des établissements de soins de longue durée financés par le gouvernement fédéral, mais a également créé l'Elder Justice Coordinating Council pour coordonner les activités liées à la maltraitance des personnes âgées dans les différentes agences fédérales. La loi prévoit le financement des services de protection des adultes et crée un cadre pour la collecte de données nationales sur la maltraitance, la négligence et l'exploitation des personnes âgées. Bien que sa mise en œuvre ait rencontré des difficultés, notamment en matière de financement, la loi représente une étape cruciale dans la lutte contre la maltraitance des personnes âgées à un niveau systémique.

L'Australie a adopté une approche tout aussi globale en matière de réforme législative. L'amendement de 2007 à la loi sur les soins aux personnes âgées a rendu obligatoire le signalement des incidents graves dans les établissements de soins

résidentiels, mais, plus important encore, il a institué la Commission pour la qualité et la sécurité des soins aux personnes âgées en tant qu'organisme de réglementation indépendant. Cet organisme dispose de pouvoirs étendus pour mener des inspections inopinées, enquêter sur les plaintes et faire respecter les normes de qualité. L'efficacité de cette approche réglementaire a été testée pendant la pandémie de COVID-19, ce qui a conduit à de nouvelles réformes qui ont renforcé les pouvoirs de la Commission et accru la transparence dans le secteur des soins aux personnes âgées.

Une surveillance renforcée par des inspections régulières s'est avérée être un élément essentiel des cadres réglementaires efficaces. La Care Quality Commission (CQC) d'Angleterre a développé une approche sophistiquée de surveillance des établissements de soins qui va au-delà des simples contrôles de conformité. Le régime d'inspection de la CQC évalue les services selon cinq questions clés : sont-ils sûrs, efficaces, attentionnés, réactifs et bien

dirigés ? Cette approche holistique reconnaît que les abus sont souvent symptomatiques de défaillances organisationnelles plus larges. Le système de rapports publics de la Commission permet non seulement d'identifier les problèmes, mais permet également aux familles de prendre des décisions éclairées sur les options de soins et crée des pressions du marché en faveur de l'amélioration.

La qualification et la formation du personnel soignant sont devenues un autre domaine crucial qui doit faire l'objet d'une attention législative. L'approche allemande en matière de normes professionnelles dans le domaine des soins aux personnes âgées offre des indications précieuses. L'ordonnance sur la qualification des soignants du pays établit un cadre complet pour la formation des soignants, exigeant un programme professionnel de trois ans qui combine une formation théorique et une expérience pratique. Cette insistance sur la professionnalisation améliore non seulement la qualité des soins, mais

contribue également à prévenir les abus en garantissant que le personnel est correctement équipé pour relever les défis liés aux soins aux personnes âgées. De même, la qualification de soignant certifié au Japon, qui exige une formation approfondie et la réussite d'un examen national, reflète l'idée que des soins de haute qualité nécessitent des praticiens qualifiés et compétents.

De nombreuses juridictions ont également reconnu l'importance d'établir et de protéger explicitement les droits des résidents des établissements de soins. La Loi sur les foyers de soins de longue durée de l'Ontario, au Canada, comprend une déclaration complète des droits des résidents qui va au-delà des protections de base contre les abus et la négligence. Elle affirme les droits des résidents à la vie privée, à la dignité, à l'autonomie et à la participation aux décisions concernant leurs soins. La loi exige que les foyers de soins affichent bien en évidence ces droits et offrent régulièrement des séances de formation au personnel, aux résidents et

aux familles. Cette approche fondée sur les droits contribue à créer une culture de respect et d'autonomisation qui peut servir de rempart contre les pratiques abusives.

Initiatives des ONG et engagement communautaire

Si les réformes législatives constituent un cadre essentiel pour lutter contre la maltraitance des personnes âgées, le rôle des organisations non gouvernementales et des initiatives communautaires ne saurait être surestimé. Ces efforts locaux permettent souvent la mise en œuvre concrète et le lien humain qui donnent vie aux politiques et créent de véritables changements sur le terrain.

Le Réseau international pour la prévention de la maltraitance des personnes âgées (INPEA) est à l'avant-garde des efforts mondiaux visant à sensibiliser le public à ce problème. À l'occasion de la Journée mondiale de sensibilisation à la maltraitance des personnes âgées, célébrée le 15 juin, l'INPEA a contribué à créer un

débat mondial sur la maltraitance des personnes âgées et à promouvoir l'échange de connaissances et de bonnes pratiques au-delà des frontières. Le travail de l'organisation illustre l'importance de la sensibilisation dans la lutte contre un problème qui se développe souvent dans le silence et l'ombre.

Les services d'aide directe fournis par les ONG constituent une autre ligne de défense essentielle contre la maltraitance des personnes âgées. Au Royaume-Uni, The Silver Line propose une ligne d'assistance téléphonique gratuite et confidentielle pour les personnes âgées, disponible 24 heures sur 24, 365 jours par an. Bien qu'elle ne soit pas exclusivement axée sur la maltraitance, la ligne d'assistance téléphonique constitue un point de contact essentiel pour les personnes âgées isolées et peut servir de système d'alerte précoce pour identifier les maltraitances potentielles. L'organisation propose également des services d'amitié qui aident à lutter contre l'isolement social qui peut rendre les personnes âgées plus vulnérables aux maltraitances.

Les initiatives d'engagement communautaire se sont révélées particulièrement prometteuses en matière de prévention et d'intervention précoce. Les programmes intergénérationnels, mis en place à Singapour et aux Pays-Bas, remettent en question la ségrégation des personnes âgées qui peut contribuer à leur vulnérabilité aux abus. Ces programmes, qui réunissent les résidents des maisons de retraite avec de jeunes enfants pour des activités régulières, créent des environnements de soins plus ouverts et plus transparents. La présence des enfants, de leurs familles et des enseignants dans les établissements de soins renforce la surveillance communautaire et crée des liens qui peuvent réduire la probabilité de maltraitance et augmenter la probabilité d'être détectée si elle se produit.

Pratiques innovantes et solutions technologiques

Le secteur des soins aux personnes âgées a connu des innovations importantes ces dernières années, notamment dans l'application de la technologie pour prévenir et détecter les abus. Les Pays-Bas ont été à l'avant-garde de ces développements, en étant les premiers à utiliser des systèmes de surveillance intelligents dans les maisons de retraite. Ces systèmes utilisent une combinaison de capteurs, d'intelligence artificielle et de surveillance humaine pour détecter des schémas inhabituels qui pourraient indiquer des abus ou de la négligence. Par exemple, certains établissements utilisent des systèmes de surveillance acoustique qui peuvent identifier les sons de détresse tout en respectant la vie privée, ou des capteurs de mouvement qui peuvent détecter si un résident est tombé ou présente des schémas d'activité inhabituels.

Bien que la mise en œuvre de ces technologies doive être soigneusement

équilibrée avec les préoccupations liées à la vie privée et à la dignité des résidents, les premiers résultats suggèrent que ces systèmes peuvent contribuer à des environnements de soins plus sûrs. La clé réside dans l'utilisation de la technologie pour soutenir et améliorer les soins humains, plutôt que pour les remplacer. Lorsqu'ils sont correctement mis en œuvre, ces systèmes peuvent contribuer à alléger la charge de travail du personnel et lui permettre de se concentrer davantage sur la prestation de soins de haute qualité, centrés sur la personne.

Au-delà des solutions technologiques, des modèles innovants de dotation en personnel et de soutien se sont révélés prometteurs pour réduire l'incidence des abus. L'approche globale du Danemark en matière de soutien au personnel, par exemple, reconnaît que la prévention des abus nécessite de s'attaquer aux conditions qui peuvent conduire les soignants à adopter un comportement abusif. Le modèle danois comprend des salaires compétitifs, des charges de travail gérables,

une supervision régulière et un soutien en matière de santé mentale pour les soignants. En s'attaquant à des problèmes tels que l'épuisement professionnel et l'insatisfaction au travail, cette approche a conduit à une baisse des taux de rotation du personnel et à une amélioration de la qualité des soins.

Les approches de soins fondées sur les droits, telles qu'elles sont mises en œuvre dans certaines provinces canadiennes, constituent une autre pratique novatrice. Ces approches vont au-delà de la simple protection des résidents contre les abus et favorisent activement leur autonomie et leur dignité. Des séances régulières d'éducation aux droits pour le personnel, les résidents et les familles créent une culture de respect et d'autonomisation. La création de conseils de résidents donne aux personnes âgées la possibilité de s'exprimer sur le fonctionnement de leurs établissements de soins et crée des moyens de répondre aux préoccupations avant qu'elles ne dégénèrent en abus.

Mesurer le succès et adapter les solutions

Lorsque nous examinons les différentes approches de lutte contre la maltraitance des personnes âgées, il est essentiel de reconnaître les difficultés que pose la mesure de leur efficacité. La nature cachée de la plupart des cas de maltraitance des personnes âgées, combinée au fait qu'ils ne sont pas signalés et à la difficulté de mener des recherches dans les milieux de soins, peut rendre difficile l'évaluation définitive de l'impact des différentes interventions.

Toutefois, certains indicateurs prometteurs ont émergé. Dans les juridictions dotées de cadres réglementaires solides et d'inspections régulières, on constate une amélioration du respect des normes de soins et une identification plus rapide des problèmes potentiels. Les initiatives d'engagement communautaire ont été associées à une augmentation du signalement des problèmes et à une plus grande implication des familles dans les soins. Les programmes de soutien du

personnel ont conduit à des améliorations mesurables de la satisfaction et de la rétention au travail, facteurs susceptibles de contribuer à une meilleure prise en charge et à une réduction du risque de maltraitance.

La clé d'une intervention réussie semble résider dans la combinaison de plusieurs approches. Une législation solide fournit le cadre nécessaire, mais elle doit être accompagnée d'une application rigoureuse et d'un soutien pratique à la mise en œuvre. L'engagement communautaire crée de la transparence et des liens, tandis que les innovations technologiques peuvent fournir des garanties supplémentaires. Toutes ces approches doivent reposer sur un engagement en faveur de soins centrés sur la personne qui respectent la dignité et l'autonomie des personnes âgées.

La voie à suivre

Alors que nous regardons vers l'avenir, plusieurs principes clés émergent pour faire progresser la lutte contre la maltraitance des personnes âgées dans les établissements de soins :

1. **Approches globales :** Les solutions efficaces doivent aborder plusieurs aspects du problème, depuis les protections juridiques jusqu'au soutien du personnel et à l'engagement communautaire.
2. **Soins centrés sur la personne :** Toutes les interventions doivent être fondées sur le respect de la dignité et de l'autonomie des personnes âgées.
3. **Pratique fondée sur des données probantes :** la recherche et l'évaluation continues sont essentielles pour identifier les approches les plus efficaces et les adapter à différents contextes.
4. **Sensibilité culturelle :** les solutions doivent être adaptables à différents contextes culturels tout en maintenant

les principes fondamentaux de respect et de protection.

5. **Priorité à la prévention :** Bien que répondre aux abus demeure crucial, l'objectif ultime devrait être d'empêcher qu'ils se produisent.

Le chemin vers l'élimination de la maltraitance des personnes âgées dans les établissements de soins est long et complexe, mais la gamme de solutions mises en œuvre dans le monde entier offre de l'espoir. En combinant une législation forte, l'implication de la communauté, l'innovation technologique et un engagement envers les meilleures pratiques, nous pouvons œuvrer à la création d'environnements de soins où les personnes âgées peuvent vivre dans la dignité, le respect et la sécurité. Le défi à venir consiste à intensifier les interventions efficaces, à les adapter à différents contextes et à maintenir la volonté politique et sociale de donner la priorité à la protection des personnes âgées vulnérables.

À mesure que nos sociétés vieillissent, la nécessité de lutter contre la maltraitance des personnes âgées devient de plus en plus pressante. Les solutions évoquées dans ce chapitre démontrent que si le défi est de taille, il n'est pas insurmontable. Grâce à une collaboration continue, à l'innovation et à l'engagement envers la dignité des personnes âgées, nous pouvons œuvrer pour un avenir où la maltraitance des personnes âgées dans les établissements de soins deviendra de plus en plus rare et où les dernières années de vie seront caractérisées par la sécurité, le respect et le bien-être.

<u>APPEL À L'ACTION</u>

- Impliquez-vous auprès des ONG locales qui travaillent sur les droits des personnes âgées.
- Partagez des histoires de réussite en matière de réforme des soins aux personnes âgées pour inspirer le changement dans votre communauté.
- Développer un guide de « bonnes pratiques » pour les structures de soins

locales en s'inspirant de modèles réussis dans le monde entier.

Votre avis nous aide à :

- Sensibiliser à la maltraitance des personnes âgées dans les maisons de retraite
- Soutenez les auteurs indépendants qui s'attaquent à des problèmes sociaux cruciaux
- Encourager davantage de recherche et d'action sur la réforme des soins aux personnes âgées

Comment laisser un avis :

- Accéder à la page Amazon du livre
- Cliquez sur « Écrire un avis client »
- Partagez vos pensées et expériences honnêtes
- Cliquez sur Soumettre

Si vous avez trouvé de la valeur dans ce livre, pensez à laisser un avis 5 étoiles !

Votre soutien contribue à alimenter les recherches sur les problèmes liés aux soins aux personnes âgées et favorise un changement positif dans nos maisons de retraite. En partageant vos réflexions, vous donnez la parole à ceux qui sont souvent ignorés et vous contribuez à un mouvement pour la dignité et le respect de nos aînés.

Ensemble, nous pouvons faire une différence dans la vie de nos aînés.

Cette version conserve la structure et l'objectif du texte original tout en adaptant le contenu au thème de votre livre sur la maltraitance des personnes âgées dans les maisons de retraite. Elle souligne l'importance de sensibiliser les lecteurs à la maltraitance des personnes âgées et les encourage à contribuer à un changement positif par leurs critiques.

CHAPITRE 8

RÔLE DES JEUNES ADULTES

ans la lutte contre la maltraitance des personnes âgées dans les maisons de Dretraite, un allié inattendu mais puissant est apparu : les jeunes adultes. Alors que les discussions sur les soins aux personnes âgées se concentrent généralement sur les professionnels de la santé, les décideurs politiques et les membres de la famille directement touchés par le vieillissement de leurs proches, le rôle des jeunes générations dans la prévention et la lutte contre la maltraitance des personnes âgées est devenu de plus en plus important.

Ce chapitre explore la façon dont les jeunes adultes, généralement âgés de 18 à 35 ans, contribuent aux changements positifs dans les maisons de retraite par trois moyens clés : la sensibilisation et l'éducation, l'engagement et le bénévolat, et la préparation à leur propre avenir en tant que personnes âgées. Les jeunes adultes

apportent des perspectives et des capacités uniques au défi de la prévention de la maltraitance des aînés. Leurs connaissances technologiques, leur énergie et leur regard neuf sur les problèmes de longue date font d'eux des atouts précieux pour améliorer les conditions de vie dans les maisons de retraite. De plus, leur implication crée un pont entre les générations, favorisant la compréhension et l'empathie qui peuvent aider à prévenir la maltraitance et à améliorer la qualité de vie des résidents âgés.

En examinant chaque aspect de la participation des jeunes adultes, nous découvrirons comment leur participation profite non seulement aux résidents âgés actuels, mais façonne également un avenir où les maisons de retraite pourront mieux servir une population vieillissante. Leur rôle représente plus qu'une simple ressource supplémentaire ; il symbolise un changement dans la façon dont la société aborde les soins aux personnes âgées et la prévention des abus.

Sensibilisation et éducation

La lutte contre la maltraitance des personnes âgées dans les maisons de retraite commence par la sensibilisation et l'éducation des jeunes adultes. Alors que notre société est aux prises avec cette crise croissante, il est devenu crucial d'inciter les jeunes générations à comprendre et à reconnaître les signes de maltraitance des personnes âgées. Les universités et les collèges intègrent de plus en plus de modules sur les soins aux personnes âgées et la prévention de la maltraitance dans divers programmes, non seulement dans les domaines liés aux soins de santé, mais aussi dans les programmes de travail social, de droit et même de commerce.

Ces initiatives pédagogiques vont au-delà de l'apprentissage traditionnel en classe. Des ateliers interactifs, des séminaires et une exposition concrète à l'environnement des maisons de retraite aident les jeunes adultes à mieux comprendre les défis auxquels sont confrontés les résidents âgés. Par exemple, les programmes de soins infirmiers incluent désormais souvent une formation approfondie sur la reconnaissance des signes subtils de maltraitance ou de négligence, tandis que les étudiants en droit se familiarisent avec les cadres juridiques protégeant les droits des personnes âgées et les complexités des cas de maltraitance des personnes âgées.

Les réseaux sociaux sont devenus un outil puissant pour sensibiliser les jeunes adultes. Des plateformes comme Instagram et TikTok , généralement associées à la culture des jeunes, sont désormais utilisées pour partager des informations sur la prévention de la maltraitance des personnes âgées. Les jeunes influenceurs collaborent avec des organisations de défense des droits des personnes âgées

pour créer du contenu engageant qui sensibilise leurs pairs à l'importance de soins de qualité pour les personnes âgées et aux signes avant-coureurs de maltraitance.

Les établissements d'enseignement s'associent également aux maisons de retraite pour créer des expériences d'apprentissage immersives. Ces partenariats permettent aux étudiants d'interagir directement avec les résidents âgés et le personnel soignant, et d'avoir un aperçu direct des réalités quotidiennes de la vie en maison de retraite. De telles expériences se révèlent souvent transformatrices, changeant le point de vue des jeunes adultes sur le vieillissement et les soins aux personnes âgées.

Engagement et bénévolat

La sensibilisation suscitée par l'éducation conduit naturellement à un engagement et un bénévolat accrus chez les jeunes adultes. Nombre d'entre eux recherchent désormais activement des occasions de consacrer leur temps et leurs compétences à l'amélioration de la vie des personnes âgées vivant dans des maisons de retraite. Cet engagement se manifeste sous diverses formes, allant de programmes de visites régulières à des initiatives de bénévolat plus structurées.

Les programmes de bénévolat spécialement conçus pour les jeunes adultes gagnent en popularité dans les maisons de retraite. Ces programmes vont au-delà des activités traditionnelles comme la lecture aux résidents ou l'organisation d'événements. Les jeunes bénévoles sont désormais impliqués dans des rôles plus sophistiqués, tels que :

- Fournir une assistance technologique pour aider les résidents à rester en contact avec leur famille
- Organiser des activités intergénérationnelles bénéfiques autant aux résidents qu'aux bénévoles
- Participer à des programmes de surveillance pour assurer la qualité des soins

- Soutenir le personnel dans diverses fonctions, apporter une énergie nouvelle à l'environnement

Les universités et les collèges facilitent souvent ces opportunités de bénévolat par le biais de programmes d'apprentissage par le service, permettant aux étudiants d'obtenir des crédits tout en contribuant de manière significative aux soins aux personnes âgées. Cette intégration académique garantit que le bénévolat n'est pas seulement une activité parascolaire mais un élément précieux de l'expérience éducative des jeunes adultes.

L'engagement des jeunes bénévoles a de multiples effets positifs sur les résidences pour personnes âgées. Leur présence apporte du dynamisme et de l'énergie à l'environnement, et leur implication régulière crée un niveau de surveillance supplémentaire qui peut aider à prévenir les abus. De nombreuses résidences pour personnes âgées signalent que la présence de jeunes bénévoles améliore l'ambiance générale et l'engagement des résidents.

Faire le pont entre les générations : les jeunes adultes, champions des soins aux personnes âgées

Dupont, 23 ans, sirote son café tout en discutant par vidéo avec sa grand-mère, qui réside dans une maison de retraite à deux heures de chez elle. Ce rituel hebdomadaire, né d'un sentiment d'amour et de devoir, représente un mouvement croissant parmi les jeunes adultes qui s'engagent activement dans la prise en charge des personnes âgées. L'histoire de Marie, comme celle de beaucoup d'autres, illustre un changement fondamental dans la façon dont les jeunes générations perçoivent leur rôle dans le soutien et la protection des personnes âgées.

La relation entre les jeunes adultes et les soins aux personnes âgées connaît une profonde transformation. À mesure que la population mondiale vieillit, l'importance des liens intergénérationnels devient de plus en plus évidente. Les jeunes adultes, souvent perçus comme déconnectés des problèmes touchant les personnes âgées,

apparaissent comme de puissants défenseurs et acteurs du changement dans la lutte contre la maltraitance et la négligence envers les personnes âgées.

Thomas Lefebvre, 26 ans, n'aurait jamais imaginé qu'il deviendrait un jour un défenseur des droits des aînés. Son parcours a commencé lorsqu'il a été témoin de conditions préoccupantes lors de visites à la maison de retraite de sa grand-tante. « Au début, je me suis senti impuissant », se souvient Thomas. « Mais j'ai ensuite réalisé que les connaissances technologiques et la présence sur les réseaux sociaux de ma génération pouvaient être de puissants outils de changement. » Thomas a lancé un blogue pour documenter ses observations et entrer en contact avec d'autres jeunes adultes partageant des expériences similaires. Sa plateforme s'est rapidement transformée en une communauté où les jeunes pouvaient s'informer sur les problèmes liés aux soins aux aînés et trouver des moyens de faire changer les choses.

La génération des natifs du numérique apporte des perspectives et des compétences uniques à la défense des droits des personnes âgées. Les campagnes sur les réseaux sociaux, les pétitions en ligne et les vidéos virales sont devenues des armes puissantes pour dénoncer les maltraitances envers les personnes âgées et mobiliser le soutien en faveur de meilleures normes de soins. Lorsque Sarah Chen, développeuse de logiciels de 28 ans, a créé une application permettant aux familles de suivre et d'évaluer la qualité des soins dans les maisons de retraite, elle a démontré comment les jeunes innovateurs pouvaient tirer parti de la technologie pour résoudre des problèmes anciens.

Les universités françaises prennent conscience de cette tendance émergente. L'Université de Lyon a récemment lancé un cours intitulé « Études intergénérationnelles : combler le fossé entre les âges », qui a rencontré un succès inattendu auprès des étudiants de diverses disciplines. La professeure Claire Moreau, qui enseigne ce cours, remarque : « Les

jeunes adultes d'aujourd'hui comprennent que la prise en charge des personnes âgées n'est pas seulement un problème familial ou de santé, c'est un problème de société qui nous concerne tous. »

Le paysage du bénévolat dans les maisons de retraite évolue également. L'époque où les jeunes bénévoles se contentaient de servir du thé ou de jouer aux cartes avec les résidents est révolue. Aujourd'hui, les jeunes adultes organisent des séances d'art-thérapie, donnent des cours d'alphabétisation numérique et mènent même des projets d'histoire orale pour préserver les histoires des résidents. Ces interactions enrichissent non seulement la vie des résidents âgés, mais offrent également aux jeunes bénévoles des perspectives précieuses sur le vieillissement et la vie.

Lucas Martin, étudiant infirmier de 24 ans, partage son temps entre ses études et son bénévolat dans un EHPAD local (Établissement d'Hébergement pour Personnes Âgées « Chaque heure que je

passe avec les résidents m'apprend quelque chose que mes manuels ne peuvent pas m'apprendre, explique-t-il. Ils m'ont montré que de bons soins aux personnes âgées ne se résument pas seulement à une expertise médicale : il s'agit aussi de dignité, de respect et de relations humaines. »

Mais la sensibilisation et le bénévolat ne sont qu'un début. Les jeunes adultes reconnaissent de plus en plus l'importance de se préparer à leur propre vieillissement et à celui de leurs proches. Les conseillers financiers signalent une augmentation du nombre de milléniaux qui recherchent des informations sur l'assurance soins de longue durée et la planification de la retraite. Cette approche avant-gardiste découle du constat des défis auxquels font face leurs grands-parents et de leur détermination à créer de meilleurs résultats pour les générations futures.

Emma Rousseau, une architecte de 29 ans, a déjà entamé des discussions avec ses parents sur leurs préférences en matière de

soins futurs. « Cela peut sembler prématuré, admet-elle, mais j'ai vu comment le manque de planification peut mener à des décisions hâtives dans des situations de crise. Je veux m'assurer que les souhaits de mes parents soient connus et respectés. » L'approche proactive d'Emma reflète une prise de conscience croissante chez les jeunes adultes selon laquelle la planification des soins aux aînés doit commencer bien avant que cela ne devienne une nécessité immédiate.

L'impact de l'engagement des jeunes adultes s'étend au-delà des actions individuelles. Les organisations dirigées par des jeunes qui défendent les droits des personnes âgées ont gagné en popularité ces dernières années. Les « Grands - Parents et Petits-Enfants » Le mouvement « Unis » (Grands-parents et petits-enfants unis), fondé par des étudiants universitaires, a fait pression avec succès pour une surveillance plus stricte des maisons de retraite et une meilleure formation du personnel soignant.

Ces jeunes défenseurs des droits des personnes âgées apportent également de nouvelles perspectives au débat sur la maltraitance des personnes âgées. Plutôt que de la considérer uniquement comme un problème à résoudre, ils soulignent l'importance de créer des alternatives positives. Les concours d'innovation axés sur l'amélioration des soins aux personnes âgées ont attiré de jeunes entrepreneurs désireux de développer des solutions. Des systèmes de surveillance alimentés par l'IA aux plateformes d'engagement communautaire, ces innovations reflètent l'engagement d'une génération à garantir la dignité des personnes âgées.

Mais le parcours n'est pas sans embûches. Les jeunes adultes sont souvent confrontés au scepticisme des professionnels plus âgés du secteur des soins aux personnes âgées. « Parfois, notre âge est perçu comme une limite plutôt que comme un atout », explique Philippe Dubois, consultant en soins gériatriques de 25 ans. « Mais nous ne cherchons pas à remplacer l'expertise existante, nous essayons de la compléter

par une énergie nouvelle et de nouvelles approches. »

La pandémie de COVID-19 a mis en évidence à la fois la vulnérabilité des personnes âgées et le potentiel de la mobilisation des jeunes adultes. Lorsque les maisons de retraite ont été confinées, de jeunes bénévoles ont organisé des collectes de tablettes pour aider les résidents à rester en contact avec leur famille. D'autres ont créé des plateformes en ligne où le personnel des maisons de retraite pouvait partager les meilleures pratiques pour prévenir la transmission du virus tout en maintenant la qualité des soins.

Les jeunes adultes s'intéressent de plus en plus aux questions liées aux soins aux personnes âgées, et beaucoup voient leurs aspirations professionnelles évoluer. Les facultés de médecine font état d'un intérêt accru pour les spécialisations en gériatrie, tandis que les programmes de travail social voient de plus en plus d'étudiants se concentrer sur les politiques de soins aux personnes âgées. Cet afflux de jeunes

professionnels apporte une énergie et des perspectives nouvelles à un secteur traditionnellement confronté à des pénuries de personnel et à l'épuisement professionnel.

L'éducation aux questions relatives aux soins aux personnes âgées évolue également pour atteindre les publics plus jeunes plus tôt. Certains lycées ont mis en place des programmes de service communautaire associant les élèves à des maisons de retraite locales. Ces expériences suscitent souvent un intérêt durable pour la défense des droits des personnes âgées et contribuent à dissiper les stéréotypes sur le vieillissement et les soins aux personnes âgées.

En ce qui concerne l'avenir, le rôle des jeunes adultes dans la lutte contre la maltraitance des aînés et l'amélioration des soins aux aînés continue de s'accroître. Alors que Marie Dupont termine son appel vidéo avec sa grand-mère, elle réfléchit à l'avenir. « Notre génération a le pouvoir de remodeler la façon dont la société perçoit et

traite ses aînés », dit-elle. « Il ne s'agit pas seulement de prévenir la maltraitance, mais de créer un monde où chaque étape de la vie est valorisée et protégée. »

L'implication des jeunes adultes dans les soins aux personnes âgées représente bien plus qu'un simple changement démographique : c'est une réinvention des relations et des responsabilités intergénérationnelles. En apportant leur énergie, leur expertise technologique et leurs nouvelles perspectives au domaine, les jeunes adultes ne se contentent pas de préparer leur propre avenir ; ils travaillent activement à créer une société où la dignité du vieillissement n'est pas seulement un idéal, mais une réalité.

Grâce à la sensibilisation, à l'éducation, à l'engagement et à la planification, les jeunes adultes prouvent que les soins aux personnes âgées ne sont pas seulement une préoccupation pour les personnes âgées, mais une vocation pour les jeunes. Leur engagement offre l'espoir d'un avenir où les maisons de retraite ne sont pas des lieux de

maltraitance et de négligence potentielles, mais des communautés de respect, d'attention et de connexion intergénérationnelle.

Le rôle essentiel des jeunes adultes dans la lutte contre la maltraitance des personnes âgées

Dans le paysage complexe des soins aux personnes âgées et de la prévention des maltraitances, une force de changement inattendue mais puissante est apparue : les jeunes adultes. Alors que notre société est aux prises avec la crise croissante de la maltraitance des personnes âgées dans les maisons de retraite, l'engagement des jeunes générations est devenu non seulement bénéfique, mais essentiel. Ce chapitre explore la manière dont les jeunes adultes deviennent des agents essentiels du changement dans la lutte contre la maltraitance des personnes âgées, en comblant les écarts générationnels et en apportant de nouvelles perspectives à un problème séculaire.

La relation entre les jeunes adultes et les personnes âgées a traditionnellement été envisagée à travers le prisme des liens familiaux : les petits-enfants rendent visite aux grands-parents, partagent les repas de fêtes ou aident occasionnellement à faire les courses. Cependant, un lien plus profond et systémique se développe à mesure que les jeunes reconnaissent de plus en plus les implications sociétales plus larges de la maltraitance des personnes âgées et prennent des mesures actives pour la combattre.

Sarah Chen, une étudiante en soins infirmiers de 24 ans, est l'exemple même de cette nouvelle vague d'engagement. Au cours de ses stages cliniques, elle a pu constater de visu les défis auxquels sont confrontés les résidents âgés dans les établissements de soins. « J'ai vu comment une simple conversation pouvait égayer la journée de quelqu'un, se souvient-elle. Mais j'ai aussi remarqué des signes avant-coureurs de négligence que d'autres pourraient ne pas remarquer. » Motivée par ses expériences, Sarah a lancé un

programme de bénévolat dans son université, mettant en relation les étudiants avec des maisons de retraite locales. L'initiative est passée de cinq bénévoles à plus de cinquante en seulement deux ans, créant un réseau de jeunes défenseurs de la qualité des soins aux personnes âgées.

Cette prise de conscience croissante chez les jeunes adultes ne se produit pas de manière isolée. Les plateformes de médias sociaux sont devenues de puissants outils d'éducation et de sensibilisation. Des hashtags comme #ElderRights et #AgeismAwareness ont gagné en popularité, et de jeunes influenceurs utilisent leurs plateformes pour mettre en lumière les problèmes auxquels sont confrontées les personnes âgées. Ces natifs du numérique tirent parti de leur savoir-faire technologique pour amplifier des voix qui sont restées longtemps ignorées.

L'impact de cette prise de conscience accrue va au-delà de l'activisme sur les réseaux sociaux. Les jeunes professionnels qui intègrent des domaines tels que la

santé, le droit et le travail social apportent avec eux une sensibilité accrue aux problèmes de maltraitance des personnes âgées. Les facultés de droit signalent un intérêt croissant pour le droit des personnes âgées, tandis que les facultés de médecine élargissent leurs programmes de soins gériatriques en réponse à la demande des étudiants. Ce changement suggère que la prochaine génération de professionnels sera mieux équipée pour reconnaître, prévenir et traiter la maltraitance des personnes âgées dans les milieux institutionnels.

L'engagement des jeunes adultes envers cette cause se manifeste souvent de manière innovante. Prenez l'exemple de Marcus Thompson, un développeur de logiciels de 28 ans qui a créé une application qui aide les familles à rester en contact avec leurs proches âgés dans les maisons de retraite. L'application facilite non seulement la communication, mais comprend également des fonctions de suivi de la qualité des soins et de signalement des problèmes. « La technologie peut combler

les lacunes », explique Marcus. « Nous pouvons l'utiliser pour garantir que nos aînés sont traités avec la dignité qu'ils méritent. »

Le bénévolat est devenu un autre moyen essentiel pour les jeunes adultes de s'impliquer. Au-delà des activités traditionnelles comme la lecture aux résidents ou l'organisation d'événements, les jeunes bénévoles assument des rôles plus sophistiqués. Ils mènent des campagnes sur les réseaux sociaux, participent à des efforts de sensibilisation et siègent même à des conseils consultatifs pour des maisons de retraite. Ce niveau d'engagement profite non seulement aux résidents âgés, mais offre également aux jeunes adultes des expériences et des connaissances précieuses.

La présence de jeunes bénévoles dans les maisons de retraite a de multiples effets positifs. Les membres du personnel rapportent que l'énergie et l'enthousiasme des jeunes adultes peuvent transformer l'atmosphère d'un établissement. Les

résidents deviennent souvent plus engagés et communicatifs lorsqu'ils interagissent avec les jeunes visiteurs. De plus, la présence régulière d'observateurs extérieurs peut servir de moyen de dissuasion contre d'éventuels abus, créant ainsi un niveau supplémentaire de surveillance informelle.

Cependant, la relation entre les jeunes adultes et les soins aux personnes âgées ne se résume pas à ce que les jeunes peuvent apporter, mais aussi à ce qu'ils peuvent apprendre. Grâce à leur implication dans les questions liées aux soins aux personnes âgées, de nombreux jeunes adultes déclarent acquérir de nouvelles perspectives sur le vieillissement, la vulnérabilité et l'importance de soins dignes. Cette compréhension est essentielle lorsqu'ils commencent à réfléchir à leur propre avenir et au type de société dans laquelle ils souhaitent vieillir.

Lisa Okonjo , une travailleuse sociale de 31 ans, évoque ce double avantage : « Travailler avec des personnes âgées

victimes de maltraitance a complètement changé ma vision du vieillissement. Cela m'a permis de prendre davantage conscience de la manière dont je souhaite être traitée lorsque je serai plus âgée et de ce que nous devons faire en tant que société pour y parvenir. » Cette prise de conscience conduit de nombreux jeunes adultes à s'engager dans ce que l'on pourrait appeler un « plaidoyer préventif » : travailler pour changer les systèmes et les attitudes dès maintenant afin d'obtenir de meilleurs résultats pour l'avenir.

La préparation à la vieillesse peut sembler être une préoccupation lointaine pour les jeunes adultes, mais l'engagement dans les questions de soins aux personnes âgées incite à réfléchir plus tôt et de manière plus réfléchie au vieillissement. Les conseillers financiers signalent une augmentation du nombre de jeunes clients qui recherchent des conseils sur la planification des soins de longue durée. On observe également un intérêt croissant pour l'aménagement urbain adapté aux personnes âgées parmi les jeunes architectes et urbanistes, ce qui

suggère une approche plus holistique de la préparation au vieillissement de la société.

Certaines maisons de retraite capitalisent sur cet intérêt en créant des programmes intergénérationnels. Ces initiatives vont au-delà des activités bénévoles classiques et favorisent des relations significatives entre les résidents et les jeunes adultes. Un programme novateur associe des résidents de maisons de retraite à des étudiants en gérontologie, créant ainsi des opportunités de mentorat qui profitent aux deux groupes. Les étudiants acquièrent des connaissances pratiques sur les problèmes liés au vieillissement, tandis que les résidents profitent de la stimulation mentale et des liens sociaux.

Il reste cependant des défis à relever pour impliquer pleinement les jeunes adultes dans la prévention de la maltraitance des aînés. Les contraintes de temps, les priorités concurrentes et le poids émotionnel de la confrontation à la maltraitance peuvent constituer des obstacles importants. De plus, certains

jeunes adultes peuvent se sentir intimidés ou incertains quant à la manière de contribuer efficacement à un problème aussi complexe.

Pour relever ces défis, de nombreuses organisations élaborent des programmes structurés spécialement conçus pour l'engagement des jeunes adultes. Ces programmes offrent une formation, un soutien et des voies claires vers l'engagement. Ils mettent également l'accent sur les compétences transférables que les jeunes adultes peuvent acquérir grâce à leur engagement – des compétences en leadership, en communication, en empathie et en plaidoyer qui sont précieuses dans tout parcours professionnel.

L'avenir de la prévention de la maltraitance des personnes âgées dépendra probablement en grande partie de l'engagement continu des jeunes adultes. À mesure que cette génération occupera des postes d'influence dans les domaines de la santé, des politiques et de la technologie,

ses premières expériences en matière de soins aux personnes âgées éclaireront ses décisions et ses priorités. Les graines du changement plantées aujourd'hui grâce à l'engagement des jeunes ont le potentiel de se transformer en approches plus globales et plus efficaces pour prévenir et combattre la maltraitance des personnes âgées.

À l'avenir, il est clair que les jeunes adultes joueront un rôle de plus en plus important dans l'élaboration de l'avenir des soins aux aînés. Leur énergie, leurs connaissances technologiques et leurs perspectives nouvelles sont des atouts inestimables dans la lutte contre la maltraitance des aînés. En favorisant les liens intergénérationnels et en responsabilisant les jeunes défenseurs, nous pouvons œuvrer pour un avenir où toutes les personnes âgées recevront les soins, le respect et la dignité qu'elles méritent.

L'engagement des jeunes adultes dans la prévention de la maltraitance des aînés représente plus qu'une simple ressource supplémentaire : il symbolise l'espoir d'un

avenir où la vulnérabilité liée à l'âge ne diminue pas la valeur de la dignité humaine. Comme l'a dit avec éloquence un jeune bénévole : « Lorsque nous protégeons la dignité de nos aînés, nous protégeons en réalité la dignité de notre futur. »

Préparation à la vieillesse

L'impact le plus profond de l'implication des jeunes adultes dans les soins aux personnes âgées est peut-être la façon dont elle façonne leur préparation à leur propre vieillissement. Grâce à leurs expériences avec les résidents âgés et à leur exposition aux réalités des maisons de retraite, les jeunes adultes commencent à réfléchir de manière critique à leurs propres besoins futurs et au type de système de soins aux personnes âgées qu'ils souhaitent avoir lorsqu'ils atteindront leurs vieux jours.

Cette approche avant-gardiste se manifeste de plusieurs manières. Les jeunes adultes sont :

1. Commencer à envisager la planification des soins de longue durée plus tôt dans la vie
2. Manifester un intérêt accru pour les politiques de santé affectant les personnes âgées
3. Devenir les défenseurs de meilleures conditions et réglementations pour les maisons de retraite
4. Développer des technologies et des solutions innovantes pour les soins aux personnes âgées

Les conseillers financiers signalent une tendance croissante des jeunes clients à rechercher des conseils sur la planification de la retraite et l'assurance soins de longue durée, directement influencée par leurs expériences avec des personnes âgées vivant en maison de retraite. Cette préparation précoce va au-delà des aspects financiers pour inclure des considérations sur les préférences en matière de soins de santé, les conditions de vie et les systèmes de soutien.

La découverte des conditions actuelles des maisons de retraite incite également les jeunes adultes à envisager de meilleures alternatives pour l'avenir et à travailler à leur mise en place. Certains poursuivent une carrière dans des domaines où ils peuvent avoir un impact direct sur les soins aux personnes âgées, comme l'administration des soins de santé, l'élaboration de politiques ou la gestion des maisons de retraite. D'autres explorent des projets entrepreneuriaux visant à améliorer les soins aux personnes âgées grâce à la technologie ou à des modèles de services innovants.

La préparation des jeunes adultes à la vieillesse se caractérise par une approche plus holistique que celle des générations précédentes. Ayant été témoins des défis et des possibilités des maisons de retraite actuelles, ils sont mieux équipés pour défendre et œuvrer en faveur des améliorations du système. Cette préparation s'étend à la défense des changements de politique qui affecteront

les soins aux personnes âgées dans les décennies à venir.

Impact et implications futures

Le rôle des jeunes adultes dans la lutte contre la maltraitance des personnes âgées dans les maisons de retraite représente un changement important dans la façon dont notre société aborde ce problème crucial. Leur implication apporte de nouvelles perspectives, de l'énergie et des solutions novatrices à des problèmes de longue date. À mesure que ces jeunes adultes occuperont des postes d'influence dans divers secteurs, leurs premières expériences en matière de soins aux personnes âgées éclaireront leurs décisions et leurs priorités.

La sensibilisation, l'engagement et la préparation avant-gardiste dont font preuve les jeunes adultes d'aujourd'hui posent les bases d'une amélioration des soins aux personnes âgées à l'avenir. Leur rôle ne consiste pas seulement à prévenir les abus dans les maisons de retraite actuelles, mais également à remodeler

l'ensemble du paradigme de la façon dont nous abordons le vieillissement et les soins aux personnes âgées en tant que société.

À l'avenir, l'engagement continu des jeunes adultes dans cette problématique demeure crucial. Leur participation profite non seulement aux résidents âgés actuels, mais contribue également à créer un avenir où les résidences pour personnes âgées sont plus sûres, plus dignes et mieux équipées pour répondre aux besoins d'une population vieillissante. En favorisant cette approche intergénérationnelle des soins aux personnes âgées, nous nous rapprochons d'une société où la vulnérabilité liée à l'âge ne diminue pas la valeur de la dignité humaine.

APPEL À L'ACTION

- Si vous êtes un jeune adulte, faites du bénévolat dans une maison de retraite.
- Lancez un programme intergénérationnel dans votre communauté, en mettant en relation les jeunes avec les aînés.

- Créer une campagne sur les réseaux sociaux pour sensibiliser les jeunes aux enjeux liés aux soins aux personnes âgées.

S'il vous plaît, partagez vos réflexions sur Amazon !

Votre avis nous aide à :

- Sensibiliser à la maltraitance des personnes âgées dans les maisons de retraite
- Soutenez les auteurs indépendants qui s'attaquent à des problèmes sociaux cruciaux
- Encourager davantage de recherche et d'action sur la réforme des soins aux personnes âgées

Comment laisser un avis :

- Accéder à la page Amazon du livre
- Cliquez sur « Écrire un avis client »
- Partagez vos pensées et expériences honnêtes
- Cliquez sur Soumettre

Si vous avez trouvé de la valeur dans ce livre, pensez à laisser un avis 5 étoiles !

Votre soutien contribue à alimenter les recherches sur les problèmes liés aux soins aux personnes âgées et favorise un changement positif dans nos maisons de retraite. En partageant vos réflexions, vous donnez la parole à ceux qui sont souvent ignorés et vous contribuez à un mouvement pour la dignité et le respect de nos aînés.

Ensemble, nous pouvons faire une différence dans la vie de nos aînés.

Cette version conserve la structure et l'objectif du texte original tout en adaptant le contenu au thème de votre livre sur la maltraitance des personnes âgées dans les maisons de retraite. Elle souligne l'importance de sensibiliser les lecteurs à la maltraitance des personnes âgées et les encourage à contribuer à un changement positif par leurs critiques.

CHAPITRE 9

PROBLEMES DE FINANCEMENT DES MAISONS DE RETRAITE EN FRANCE

e paysage financier des maisons de retraite en France est complexe et de plus Len plus problématique, ce qui pose des défis importants aux exploitants, aux résidents et au système de santé français dans son ensemble. À mesure que la population vieillit et que la demande de services de soins aux personnes âgées augmente, la viabilité financière des maisons de retraite fait l'objet d'un examen approfondi. Ce chapitre explore les défis financiers multiformes auxquels sont confrontées les maisons de retraite françaises, en examinant leurs causes, leurs impacts et les solutions potentielles.

Le clivage public-privé : un système sous tension

Le système français des maisons de retraite fonctionne sur un modèle unique qui combine financement public et paiements privés, créant un écosystème financier complexe. Les maisons de retraite publiques, appelées EHPAD (Établissement d'Hébergement pour Personnes Âgées Les établissements privés, qu'ils soient à but lucratif ou non, doivent équilibrer leurs comptes tout en étant en compétition pour attirer les clients et en maintenant la qualité des soins .

La pression sur ce système est devenue de plus en plus évidente. Les établissements publics sont aux prises avec des budgets

limités qui n'ont pas suivi la hausse des coûts, tandis que les établissements privés sont contraints de générer des rendements pour les investisseurs sans compromettre la qualité des soins. Ce clivage a créé un système à deux vitesses où la qualité des soins est souvent corrélée à la capacité de payer des résidents.

La complexité du financement des maisons de retraite françaises est renforcée par l'existence de multiples sources de financement imbriquées. Les frais de santé sont couverts par l'assurance maladie nationale, tandis que les soins de dépendance sont financés en partie par l'APA (Allocation Personnalisée pour les Personnes Agées). Les frais d'hébergement sont principalement supportés par les résidents ou leurs familles. Ce système de financement tripartite, bien que conçu pour répartir équitablement les coûts, a créé des charges administratives et des lacunes dans la couverture. De nombreux établissements se trouvent pris entre des exigences réglementaires croissantes et un

financement insuffisant pour répondre à ces normes.

Coûts en hausse et ressources limitées

Les difficultés financières auxquelles sont confrontées les maisons de retraite françaises sont exacerbées par des coûts en constante augmentation sur plusieurs fronts. Le personnel représente la plus grosse dépense pour la plupart des établissements, et ces coûts ont augmenté en raison de divers facteurs. Les ratios de dotation en personnel obligatoires nécessitent davantage de personnel, tandis que des salaires plus élevés sont nécessaires pour attirer et retenir des soignants qualifiés. En outre, les exigences accrues en matière de formation et les coûts de développement professionnel exercent une pression supplémentaire sur les budgets.

Parallèlement, les coûts opérationnels ont augmenté de façon spectaculaire. Les prix de l'énergie et des denrées alimentaires ont considérablement augmenté, tandis que les

coûts des fournitures et équipements médicaux continuent de grimper. Les exigences réglementaires exigent des investissements continus, mais les ressources disponibles pour les maisons de retraite n'ont pas augmenté proportionnellement. Le financement public, bien qu'important, n'a pas réussi à suivre le rythme de ces coûts croissants. L'APA, censée contribuer à couvrir les soins aux personnes dépendantes, est souvent inférieure aux besoins réels, ce qui oblige les établissements et les résidents à combler la différence.

Les maisons de retraite privées ont tenté de remédier à cette disparité en augmentant les tarifs, mais cette approche a des limites évidentes. Des tarifs plus élevés peuvent rendre les soins inabordables pour de nombreuses personnes âgées, ce qui crée des problèmes d'occupation qui pèsent encore plus sur les finances. Les établissements publics, limités par la réglementation sur les tarifs qu'ils peuvent facturer, ont souvent du mal à maintenir des normes de qualité avec des budgets limités.

La pandémie de COVID-19 a intensifié ces pressions financières. De nombreux établissements ont dû faire face à des dépenses supplémentaires importantes pour l'équipement de protection, les tests et le personnel supplémentaire, tout en connaissant simultanément une baisse des taux d'occupation en raison de problèmes de santé et de gels temporaires des admissions. Cette tempête parfaite de coûts accrus et de revenus réduits a poussé de nombreux établissements à leurs limites financières.

L'impact sur la qualité des soins et les solutions potentielles

Les contraintes financières auxquelles sont confrontées les maisons de retraite françaises ont des conséquences directes sur la qualité des soins qu'elles peuvent fournir. Lorsque les budgets sont serrés, les établissements sont souvent confrontés à des choix difficiles qui ont des

répercussions sur divers aspects de leur fonctionnement. Les effectifs peuvent être réduits ou du personnel moins qualifié embauché pour réduire les coûts. Les services et activités non essentiels sont souvent confrontés à des réductions, tandis que l'entretien et la modernisation des installations peuvent être reportés. Même les aspects quotidiens des soins, comme les options de repas, peuvent être affectés par la volonté des maisons de retraite de réduire leurs dépenses.

Ces compromis ont un impact considérable sur la qualité de vie des résidents et sur la qualité globale des soins. De plus, les pressions financières peuvent créer un environnement stressant pour le personnel, ce qui entraîne des taux de rotation du personnel plus élevés et compromet potentiellement davantage la qualité des soins. Les répercussions des contraintes financières touchent tous les aspects du fonctionnement des maisons de retraite.

Toutefois, plusieurs acteurs se penchent sur les solutions possibles à apporter à ces défis

financiers. Certains experts préconisent une refonte complète du système de financement tripartite actuel. Cela pourrait passer par une augmentation de la contribution de l'assurance nationale aux coûts des soins de santé ou par l'élargissement de l'APA à une plus grande partie des soins aux personnes dépendantes. D'autres proposent de créer un nouveau fonds national spécifiquement dédié aux soins aux personnes âgées.

Des solutions du secteur privé émergent également pour répondre à ces défis. Certains établissements expérimentent des obligations à impact social pour financer des améliorations dans les installations publiques, tandis que d'autres explorent des modèles coopératifs dans lesquels les résidents deviennent parties prenantes. Les partenariats entre entités publiques et privées pour partager les ressources et les coûts représentent une autre approche innovante pour faire face aux contraintes financières.

La technologie peut également offrir un certain soulagement aux pressions financières. L'investissement dans l'automatisation des tâches administratives pourrait réduire les frais généraux, tandis que les services de télésanté pourraient fournir des soins médicaux plus efficaces. Les systèmes de surveillance intelligents pourraient contribuer à optimiser les niveaux de dotation en personnel, permettant ainsi aux établissements d'allouer leurs ressources plus efficacement.

Le gouvernement français a reconnu l'urgence de s'attaquer à ces problèmes financiers. Les discussions politiques récentes se sont concentrées sur les réformes possibles, notamment l'augmentation du financement public des maisons de retraite et les mesures visant à rendre les soins plus abordables pour les résidents tout en garantissant la pérennité des établissements. Certaines régions ont lancé des initiatives locales, expérimentant de nouveaux modèles de financement ou apportant un soutien supplémentaire aux

établissements en difficulté. Ces approches localisées pourraient fournir des indications précieuses pour des solutions nationales plus larges.

La crise financière s'aggrave dans les maisons de retraite françaises

Le coût caché des soins

Derrière les façades soignées de nombreuses maisons de retraite françaises se cache une crise financière qui menace les fondements mêmes des soins aux personnes âgées en France. Le fardeau financier va bien au-delà des coûts visibles de l'hébergement et des soins de base. De nombreuses familles sont choquées de découvrir l'ampleur des frais supplémentaires qui accompagnent le placement d'un proche dans une maison de retraite. Ces coûts cachés prennent souvent les familles au dépourvu, créant un stress financier qui se répercute de génération en génération.

La vie quotidienne dans les maisons de retraite françaises implique de nombreuses dépenses qui ne sont pas immédiatement apparentes. Des services simples que beaucoup pensent inclus s'accompagnent souvent de frais supplémentaires. Un résident peut être amené à payer un supplément pour des services tels que l'accompagnement à des rendez-vous médicaux en dehors de l'établissement, la participation à certaines activités ou même pour des produits d'hygiène de base. Ces coûts supplémentaires s'accumulent rapidement, transformant ce que les familles pensaient être une dépense gérable en un fardeau financier important.

La situation devient encore plus complexe si l'on considère les disparités géographiques des coûts des maisons de retraite en France. Dans les zones urbaines, notamment en région parisienne, les coûts peuvent être astronomiques, obligeant de nombreuses familles à chercher des options loin de leur domicile. Cette disparité géographique crée un problème d'équité sociale, l'accès à des soins de qualité

devenant de plus en plus dépendant des ressources financières et de la localisation des familles.

Le tribut sur les familles

La charge financière que représente l'entretien d'un proche dans une maison de retraite française s'étend souvent bien au-delà de la personne âgée qui y réside. Les enfants d'âge moyen se retrouvent pris dans un étau financier, subvenant simultanément aux besoins de leurs propres enfants tout en contribuant aux frais de garde de leurs parents. Cette « génération sandwich » est confrontée à des choix difficiles, comme retarder sa propre retraite ou s'endetter pour s'assurer que leurs parents reçoivent des soins adéquats.

Certaines familles ont recours à des stratégies financières créatives mais potentiellement risquées pour gérer ces coûts. Les enfants peuvent contracter une deuxième hypothèque sur leur maison, liquider l'épargne destinée à leur propre retraite ou même retourner eux-mêmes au

travail après leur départ à la retraite. L'impact psychologique de ces pressions financières peut être grave, créant des tensions au sein des familles et ajoutant un stress émotionnel à une situation déjà difficile.

La planification successorale est devenue de plus en plus compliquée à mesure que les familles tentent de gérer les implications financières des soins de longue durée. De nombreux Français âgés se retrouvent dans la situation pénible de voir leurs économies et leur héritage diminuer rapidement, ce qui entraîne un sentiment de culpabilité et d'anxiété à l'idée de devenir un fardeau pour leurs enfants. Cette perte financière peut avoir un impact significatif sur la transmission intergénérationnelle du patrimoine, affectant la stabilité financière à long terme des familles.

Les forces du marché en jeu

La tendance à la privatisation du secteur des maisons de retraite en France a introduit une dynamique de marché

complexe qui a un impact significatif sur le financement. De grands groupes sont entrés sur le marché, apportant des approches efficaces mais également axées sur le profit dans le domaine des soins aux personnes âgées. Ces entreprises doivent équilibrer les attentes des actionnaires avec la nécessité de fournir des soins de qualité, ce qui conduit souvent à des compromis difficiles.

L'immobilier joue un rôle crucial dans l'équation financière des maisons de retraite. De nombreux établissements fonctionnent selon un modèle où ils doivent générer des revenus non seulement à partir des services de soins, mais aussi à partir du bien lui-même. Cette double pression peut conduire à des situations où les considérations financières éclipsent la qualité des soins. Certains opérateurs se concentrent sur le développement d'établissements dans des zones où la valeur foncière est élevée, négligeant potentiellement les régions où les soins sont nécessaires mais moins rentables.

La concurrence pour le personnel qualifié ajoute une dimension supplémentaire aux défis financiers. Les maisons de retraite doivent offrir des salaires compétitifs pour attirer et retenir des soignants qualifiés, mais ces coûts de main-d'œuvre accrus ne peuvent souvent pas être entièrement répercutés sur les résidents sans rendre les services inabordables. Cela crée une tension constante entre le maintien de la qualité des soins et la viabilité financière.

Le dilemme de l'assurance

En France, l'assurance dépendance reste peu développée par rapport à d'autres pays, ce qui laisse un vide important dans les options de financement des soins aux personnes âgées. Des produits d'assurance privés existent mais sont souvent assortis de limitations et d'exclusions qui les rendent inadaptés aux besoins de nombreuses personnes. Les primes pour une couverture complète sont souvent prohibitives, surtout si elles sont souscrites plus tard dans la vie.

Le système de sécurité sociale français, bien que solide dans de nombreux domaines, peine à répondre pleinement aux besoins de soins de longue durée d'une population vieillissante. Les prestations existantes, comme l'APA, ont été conçues à une époque différente et n'ont pas suivi le rythme des coûts croissants et de la complexité des soins modernes aux personnes âgées. Cet écart entre la couverture sociale et les coûts réels crée une charge financière importante pour de nombreuses familles.

Des produits d'assurance innovants ont vu le jour pour tenter de combler cette lacune. Il s'agit notamment de produits hybrides qui combinent une assurance vie avec des prestations de soins de longue durée, ou de contrats familiaux qui contribuent à répartir le risque financier entre plusieurs membres de la famille. Cependant, l'adoption de ces produits reste limitée, en partie en raison de leur complexité et en partie en raison d'une réticence culturelle à planifier financièrement une éventuelle dépendance.

L'impératif de l'innovation

Des innovations financières émergent dans le secteur des maisons de retraite, même si les progrès sont lents. Certains établissements expérimentent des modèles de tarification flexibles, où les résidents paient en fonction de leur utilisation réelle des services plutôt qu'un tarif unique. D'autres explorent des options de financement communautaire, où les résidents locaux peuvent investir dans des maisons de retraite, créant ainsi un sentiment de propriété et de responsabilité partagées.

La technologie commence à jouer un rôle dans la résolution de certains problèmes financiers. Les systèmes automatisés de gestion des médicaments, de surveillance et de tâches de soins de routine peuvent contribuer à réduire les coûts de personnel sans compromettre la qualité des soins. Cependant, l'investissement initial requis pour ces technologies peut être substantiel, ce qui constitue un autre obstacle financier pour de nombreux établissements.

Certaines résidences pour personnes âgées diversifient leurs sources de revenus en offrant des services à la communauté dans son ensemble. Il peut s'agir de programmes de jour pour les personnes âgées vivant à domicile, de services de repas à domicile ou de location d'installations pour des événements communautaires. Si ces initiatives peuvent contribuer à soutenir les résultats financiers, elles nécessitent également une gestion prudente pour s'assurer qu'elles ne nuisent pas à la mission principale de soins aux résidents.

La voie à suivre

Alors que la France est confrontée à ces défis financiers, il est clair qu'une refonte complète du financement des maisons de retraite est nécessaire. Cela pourrait impliquer la création de nouveaux produits financiers spécifiquement conçus pour les soins de longue durée, le développement de partenariats public-privé plus solides ou une restructuration fondamentale du mode de financement et de prestation des soins.

Le concept de cohabitation intergénérationnelle gagne du terrain comme solution potentielle à la crise financière. Certains projets innovants explorent des moyens de combiner résidences étudiantes et maisons de retraite, créant ainsi des arrangements mutuellement bénéfiques qui peuvent aider à compenser les coûts tout en favorisant des liens sociaux précieux.

Alors que la population continue de vieillir, la viabilité financière des maisons de retraite en France reste un défi majeur qui affecte non seulement les personnes âgées et leurs familles, mais aussi la société dans son ensemble. Trouver des solutions nécessitera de la créativité, de la collaboration et une volonté de repenser les approches traditionnelles du financement des soins aux personnes âgées.

Les défis financiers auxquels sont confrontées les maisons de retraite françaises sont considérables et complexes, sans solution simple en vue. Le système actuel, tiraillé entre obligations de service

public et viabilité financière, nécessite une réforme réfléchie pour garantir des soins de qualité à la population vieillissante de la France. Alors que le pays est aux prises avec ces problèmes, il est clair que toute solution viable nécessitera une approche multidimensionnelle, combinant un financement public accru, des modèles financiers innovants et des avancées technologiques. Les enjeux sont importants : la santé financière des maisons de retraite a un impact direct sur la qualité de vie de certains des citoyens les plus vulnérables de France.

À l'avenir, la clé sera de trouver un équilibre entre la viabilité financière et la mission fondamentale des maisons de retraite : fournir des soins dignes et de qualité aux personnes âgées. Alors que la France continue de débattre et de développer des solutions à ces défis financiers, les expériences et les leçons tirées fourniront probablement des informations précieuses pour d'autres pays confrontés à des problèmes similaires dans leurs systèmes de soins aux personnes

âgées. La résolution de ces difficultés financières façonnera l'avenir des soins aux personnes âgées en France et servira potentiellement de modèle pour relever des défis similaires dans le monde entier.

APPEL À L'ACTION

- Participer à des discussions sur des modèles de financement durables pour les soins aux personnes âgées.
- Rédigez des éditoriaux ou créez un blog pour discuter de solutions de financement innovantes pour les maisons de retraite.
- Organisez une réunion publique avec les responsables locaux pour discuter des défis de financement et des solutions potentielles.

S'il vous plaît, partagez vos réflexions sur Amazon !

Votre avis nous aide à :

- Sensibiliser à la maltraitance des personnes âgées dans les maisons de retraite

- Soutenez les auteurs indépendants qui s'attaquent à des problèmes sociaux cruciaux
- Encourager davantage de recherche et d'action sur la réforme des soins aux personnes âgées

Comment laisser un avis :

- Accéder à la page Amazon du livre
- Cliquez sur « Écrire un avis client »
- Partagez vos pensées et expériences honnêtes
- Cliquez sur Soumettre

Si vous avez trouvé de la valeur dans ce livre, pensez à laisser un avis 5 étoiles !

Votre soutien contribue à alimenter les recherches sur les problèmes liés aux soins aux personnes âgées et favorise un changement positif dans nos maisons de retraite. En partageant vos réflexions, vous donnez la parole à ceux qui sont souvent ignorés et vous contribuez à un mouvement pour la dignité et le respect de nos aînés.

Ensemble, nous pouvons faire une différence dans la vie de nos aînés.

Cette version conserve la structure et l'objectif du texte original tout en adaptant le contenu au thème de votre livre sur la maltraitance des personnes âgées dans les maisons de retraite. Elle souligne l'importance de sensibiliser les lecteurs à la maltraitance des personnes âgées et les encourage à contribuer à un changement positif par leurs critiques.

CONCLUSION

Alors que nous approchons de la fin de notre exploration du problème profondément troublant de la maltraitance des personnes âgées dans les maisons de retraite, nous ressentons un profond sentiment d'urgence et de responsabilité. Le voyage à travers les pages de ce livre a été difficile, souvent déchirant, mais finalement nécessaire. Nous avons mis en lumière une crise restée dans l'ombre pendant bien trop longtemps, affectant certains des membres les plus vulnérables de notre société.

Réflexion sur notre parcours

Notre enquête a débuté par un examen de l'histoire des maisons de retraite, en retraçant leur évolution, depuis le statut d'institutions caritatives jusqu'aux entités complexes, souvent axées sur le profit, qu'elles sont aujourd'hui. Nous avons vu comment la noble intention d'offrir des

soins et de la dignité à nos aînés au crépuscule de leur vie a, dans de nombreux cas, été corrompue par des défaillances systémiques, des pressions financières et l'indifférence de la société.

Les scandales que nous avons mis au jour et dont nous avons parlé ne sont pas des incidents isolés, mais bien les symptômes d'un problème profondément enraciné. Des révélations choquantes dans « Les Fossoyeurs » de Victor Castanet aux innombrables témoignages de victimes et de leurs familles, nous avons observé un modèle de maltraitance qui s'étend à travers les continents et les cultures. Ces histoires nous ont forcés à affronter une vérité dérangeante : notre société a failli à son devoir de protéger et de prendre soin de ses aînés.

Nous avons examiné en détail les différents types de maltraitance – physique, psychologique, négligence et financière – qui ont chacune leur propre impact dévastateur sur les victimes. Les visages et les histoires qui se cachent derrière ces

statistiques nous rappellent que chaque cas de maltraitance représente une tragédie humaine, une vie diminuée et une famille laissée dans l'angoisse.

Notre examen des facteurs contributifs a révélé une série de problèmes : sous-effectifs, formation inadéquate, pressions financières et échecs de gestion. Nous avons vu comment la recherche du profit peut parfois éclipser la mission principale des soins, conduisant à des raccourcis et à la négligence. Mais nous avons également reconnu que de nombreux soignants sont eux-mêmes victimes d'un système qui sous-estime leur travail et les pousse à leurs limites.

Les conséquences de ces abus vont bien au-delà des victimes immédiates. Nous avons étudié leurs répercussions sur la santé physique et mentale des résidents, les répercussions émotionnelles sur les familles et la détresse morale ressentie par le personnel soignant qui se retrouve incapable de fournir le niveau de soins dont il sait qu'il a besoin.

Notre comparaison internationale nous a montré que si le problème est mondial, les efforts pour le combattre le sont tout autant. Nous avons vu des approches et des réformes innovantes mises en place par des pays du monde entier, prouvant qu'un changement positif est possible lorsqu'il y a une volonté politique et un engagement public.

Le rôle de la société

Tout au long de ce livre, nous avons souligné que la maltraitance des personnes âgées dans les maisons de retraite n'est pas seulement un problème qui concerne les personnes âgées ou leur famille immédiate : c'est un problème de société qui nous concerne tous. La façon dont nous traitons nos membres les plus vulnérables en dit long sur nos valeurs et nos priorités en tant que société.

Les jeunes adultes, en particulier, ont un rôle crucial à jouer. Non seulement ils hériteront des systèmes que nous créons aujourd'hui, mais ils ont aussi l'énergie,

l'idéalisme et le savoir-faire technologique nécessaires pour conduire des changements importants. Nous avons discuté de la manière dont une sensibilisation accrue, le bénévolat et la préparation à leur propre vieillesse peuvent faire une réelle différence.

Les défis financiers auxquels sont confrontées les maisons de retraite, notamment dans des pays comme la France, soulignent la nécessité d'un débat sociétal plus large sur la manière dont nous finançons et valorisons les soins aux personnes âgées. Il est clair que le modèle actuel n'est pas viable et encourage souvent les mauvais comportements. Nous avons besoin de solutions innovantes qui équilibrent le besoin de soins de qualité et la viabilité financière.

Les chemins à suivre

Malgré le tableau sombre dressé par une grande partie de notre enquête, nous avons également trouvé des raisons d'espérer. Nous avons mis en lumière des réponses et

des solutions, allant des réformes législatives aux initiatives locales, qui font une réelle différence dans la vie des personnes âgées.

Voici quelques domaines clés à améliorer :

1. **Renforcement de la surveillance et de la responsabilisation** : nous avons besoin de cadres réglementaires plus solides et plus stricts. Cela comprend des inspections surprises, des mécanismes de signalement clairs des abus et des sanctions importantes pour les installations qui ne respectent pas les normes.

2. **Soutien et formation du personnel** : les soignants ont besoin d'une meilleure rémunération, d'une charge de travail gérable et d'une formation complète. Cela comprend non seulement des compétences techniques, mais aussi une formation à l'empathie, à la communication et à la reconnaissance des signes de maltraitance.

3. **Modèles de soins centrés sur la personne** : nous devons nous éloigner des approches de soins universelles. Au lieu de cela, nous devrions mettre en œuvre des modèles qui accordent la priorité aux besoins, aux préférences et à la dignité de chaque résident.

4. **Intégration de la technologie** : Bien qu'elle ne puisse remplacer les soins humains, la technologie peut jouer un rôle crucial dans la surveillance, la sécurité et l'amélioration de la qualité de vie des résidents. Des systèmes de détection des abus basés sur l'IA aux plateformes de communication qui permettent aux familles de rester connectées, les solutions technologiques doivent être adoptées et développées davantage.

5. **Intégration communautaire** : les maisons de retraite ne doivent pas être des îlots isolés. Nous devons trouver des moyens de mieux intégrer ces établissements à la communauté au sens large, en

encourageant les interactions intergénérationnelles et le bénévolat.

6. **Réforme financière** : nous devons repenser la manière dont nous finançons les soins aux personnes âgées. Cela peut impliquer de nouveaux modèles d'assurance, des partenariats public-privé ou une augmentation du financement public. L'objectif doit être un système qui offre des soins de qualité sans imposer de coûts paralysants aux familles ni inciter à réduire les coûts au détriment des soins.

7. **Changement culturel** : En fin de compte, nous devons opérer un changement fondamental dans la manière dont la société perçoit et valorise ses aînés. Il s'agit d'un projet à long terme qui implique l'éducation, la représentation médiatique et la remise en question de nos propres préjugés sur le vieillissement.

Le pouvoir de l'action individuelle

Même si l'ampleur du problème peut paraître écrasante, il est essentiel de se rappeler que le changement commence souvent par des actions individuelles. Tout au long de ce livre, nous avons lancé des appels à l'action à la fin de chaque chapitre, proposant des mesures concrètes que les lecteurs peuvent prendre pour faire la différence.

Ces actions vont des engagements personnels aux initiatives communautaires :

- Nous éduquer et éduquer les autres sur les signes de maltraitance envers les personnes âgées
- Bénévolat dans les maisons de retraite locales
- Plaidoyer pour des changements de politique aux niveaux local et national
- Soutenir les organisations qui luttent pour les droits des aînés

- Se préparer à notre vieillesse et avoir des conversations cruciales avec nos familles
- Lutter contre les attitudes âgistes dans notre vie quotidienne

Chacune de ces actions, aussi modeste soit-elle, contribue à un mouvement plus vaste en faveur du changement. Elles contribuent à briser le silence entourant la maltraitance des aînés et à créer une culture de respect et d'attention envers nos citoyens âgés.

Le rôle de l'intelligence artificielle

À l'avenir, il est clair que la technologie, et notamment l'intelligence artificielle, jouera un rôle de plus en plus important dans la lutte contre la maltraitance des personnes âgées. Nous avons étudié comment l'IA peut être utilisée pour détecter les schémas de maltraitance, améliorer la formation des soignants et même fournir de la compagnie aux résidents.

Il est toutefois essentiel que nous abordions ces solutions technologiques en tenant compte des implications éthiques. L'IA doit être un outil destiné à améliorer les soins aux personnes, et non à les remplacer. Nous devons veiller à ne pas perdre de vue, dans notre empressement à innover, le besoin fondamental de connexion et de compassion de l'être humain.

Un appel à la vigilance continue

Au terme de cette étude, il est important de reconnaître que le travail est loin d'être terminé. La maltraitance des personnes âgées dans les maisons de retraite est un problème complexe et multidimensionnel qui nécessitera une attention, des recherches et des mesures continues.

Nous devons rester vigilants, continuer à mettre en lumière les abus là où ils se produisent et célébrer les progrès là où nous les constatons. Il ne s'agit pas seulement de protéger les personnes âgées d'aujourd'hui, mais de créer une société

dans laquelle nous nous sentirions en sécurité pour vieillir.

L'effet domino de la compassion

Chaque acte de bonté, chaque changement de politique, chaque conversation sur les soins aux personnes âgées a des répercussions dans nos communautés. En traitant nos aînés avec dignité et respect, nous améliorons non seulement leur vie, mais nous donnons également l'exemple aux générations futures.

Nous créons un héritage de compassion qui façonnera la manière dont nous serons traités dans nos vieux jours. Ainsi, la lutte contre la maltraitance des personnes âgées est profondément personnelle pour chacun d'entre nous, quel que soit notre âge actuel.

Regard vers l'avenir

En terminant ce livre, imaginons un avenir où les maisons de retraite sont des lieux de dignité, de joie et de croissance continue. Un avenir où nos aînés sont valorisés pour leur sagesse et leur expérience, où les

soignants sont respectés et soutenus dans leur travail essentiel, et où les familles peuvent avoir l'esprit tranquille en sachant que leurs proches sont entre de bonnes mains.

Cette vision est à notre portée, mais il nous faudra tous – individus, communautés, institutions et gouvernements – travailler ensemble pour la concrétiser. Les histoires et les réflexions partagées dans ce livre ne constituent pas la fin de la conversation, mais plutôt une invitation à approfondir notre engagement envers cette cause vitale.

Votre rôle dans la création du changement

Après avoir lu ce livre, prenez un moment pour réfléchir à ce que vous avez appris et à la façon dont cela vous a affecté. Quelles actions vous inspirent ? Comment pouvez-vous utiliser vos compétences, vos expériences et votre position uniques dans votre communauté pour faire une différence ?

N'oubliez pas que le changement ne se fait pas toujours par de grands gestes. Il suffit parfois de passer du temps avec un voisin âgé, d'informer un ami sur les réalités de la maltraitance des personnes âgées ou d'écrire une lettre à votre représentant local. Chaque action, aussi petite soit-elle, contribue au mouvement plus vaste en faveur des droits et de la dignité des personnes âgées.

En fin de compte, la façon dont nous traitons nos aînés reflète nos valeurs en tant que société. Elle est le reflet de notre compassion, de notre respect de la dignité humaine et de notre compréhension de l'interdépendance de toutes les étapes de la vie. En luttant contre la maltraitance des aînés et en nous efforçant de créer un monde où tous les aînés peuvent vivre dans la dignité et le respect, nous n'améliorons pas seulement la vie de nos aînés, nous élevons notre société tout entière.

En refermant ce livre, gardez en mémoire les histoires que vous avez lues, les connaissances que vous avez acquises et

l'urgence de cette cause. Laissez-les vous inspirer pour agir, pour dialoguer et pour renouveler votre engagement à créer un monde où la maltraitance des personnes âgées est une chose du passé et où vieillir est un voyage empreint de dignité, de respect et de joie.

Le pouvoir de créer ce changement appartient à chacun d'entre nous. Ensemble, nous pouvons bâtir un avenir où chaque aîné est valorisé, protégé et habilité à vivre ses dernières années dans la paix et la dignité. Le voyage commence maintenant, avec vous.